大连海域渔业资源环境普查项目研究成果
辽宁省社科规划基金项目(L14BJY017)研究成果
辽宁省教育厅科学研究项目(W201605)研究成果

U0656356

大连海洋渔业发展若干问题研究

赵万里　著

东南大学出版社
SOUTHEAST UNIVERSITY PRESS
·南京·

图书在版编目(CIP)数据

大连海洋渔业发展若干问题研究/赵万里著. —南京:东南大学出版社,2017.5

ISBN 978 - 7 - 5641 - 7172 - 8

Ⅰ. ①大… Ⅱ. ①赵… Ⅲ. ①海洋渔业-产业发展-研究-大连 Ⅳ. ①F326.473.13

中国版本图书馆 CIP 数据核字(2017)第 111010 号

大连海洋渔业发展若干问题研究

出版发行	东南大学出版社
出 版 人	江建中
社　　址	南京市四牌楼 2 号(邮编:210096)
网　　址	http://www.seupress.com
责任编辑	孙松茜(E-mail:ssq19972002@aliyun.com)
经　　销	全国各地新华书店
印　　刷	虎彩印艺股份有限公司
开　　本	880 mm×1230 mm　1/32
印　　张	7.75
字　　数	223 千字
版　　次	2017 年 5 月第 1 版
印　　次	2017 年 5 月第 1 次印刷
书　　号	ISBN 978 - 7 - 5641 - 7172 - 8
定　　价	39.80 元

(本社图书若有印装质量问题,请直接与营销部联系。电话:025 - 83791830)

前　言

　　大连三面环海,横跨渤海、黄海,海岸线长 2 211 公里,占辽宁省的 65％,居全国沿海城市首位。海域面积 2.9 万平方公里,是陆域面积的 2 倍多,占辽宁省海域总面积的 81％;岛屿 251 个,面积 530 平方公里。大连周围有辽东湾渔场和海洋岛渔场两大传统渔场,可供开发的渔业资源丰富。大连海域有鱼、虾、贝、藻等海洋经济生物 172 科 414 种,沿海海洋鱼类近 220 种,盛产鱼虾、鲍鱼、刺参、扇贝、紫海胆、螺类,海湾大面积放养贻贝、扇贝等。大连地处北纬 38°43′至 40°10′之间,每年有着 2 500～2 800 小时的稳定日照时间,阳光、沙滩、海浪在这里完美结合,并且冬无严寒、夏无酷暑、四季分明,气候宜人。海洋渔业发展具有得天独厚的优势。大连是中国重要渔都。"大连环境很美,大连海鲜好吃",前任美国驻华大使骆家辉出席大连夏季达沃斯,谈大连印象时如是说。大连海洋渔业不仅占有规模上的优势,更占品质上的优势,海珍品养殖是大连蜚声海内外的城市品牌。

　　在大连诸多海洋产业中,海洋渔业是独具特色的传统优势产业。1988 年,大连海水养殖产量首次超过海洋捕捞产量,从此大连海洋渔业生产由捕捞业主导型向养殖业主导型发展。大连海水养殖在全国乃至东北亚占有重要地位,大连具有打造成中国最具影响力的魅力渔都,东北亚最具竞争力的现代国际渔城的基础和条件。大连渔业生产力发达,有各类渔船 3 万余艘,已开发海水增养殖面积近千万亩,水产养殖产品总量占全国的 8％。其中,海水养殖产品总量占全国的 10％。扇贝、海带、裙带菜、贻贝等几大品种单位产量居全国第一。虾夷扇贝、裙带菜的规模和产量均占全国的 95％以上,鲍鱼、刺参占 50％以上。大连水产品出口 80 多个国家和地区,占中国水产品出口总量的 15％以上。大连人均水产品占有量 360 公斤,是国内人均的 2 倍。2012 年,大连水产品产量 220 万吨,占中国海水产品总量的 12％

左右。大连水产加工能力较强,有各类水产品加工企业 600 余家,年加工能力 150 多万吨,加工品种百余种。大连有着悠久的渔业史和渔文化,长期的历史积淀已经形成了一批批世代相传、富有地方文化特色的传统渔俗,如放海灯、鸣锣惊鱼、祭海、贴船联等。此外,还有一些基于渔文化而兴起的节日,如渔民节、渔人节、钓鱼节等。

虽然大连海洋渔业具有传统先发地位,但是产业发展也面临开发利用过度与开发利用不足严重失衡的压力及资源粗放利用增长方式转变与效益型、质量型发展的压力。当下,山东、福建等省利用后发优势正由导入期向急速增长期迈进,构成了新的战略性竞争态势。为此,大连必须采取更加强有力的措施,要从蓝色食物供给,从城市传统特色品牌塑造,从生态文明基础建设层面,给予海洋渔业以巩固和提升,深刻认识并准确把握海洋渔业发展形势新变化新特点,科学开发利用海洋渔业资源。

本书共分十一章,研究内容包括大连海水养殖业、大连水产品加工业、大连休闲渔业、大连捕捞渔民转产转业、大连海洋渔业发展转型、大连海洋牧场发展建设、大连渔业资源增殖放流、大连水产品质量安全监管、大连渔业安全生产、大连海洋渔业管理制度、大连渔业专业合作组织。

大连海洋渔业发展应坚持用科学发展观指导各项工作,紧密围绕全域城市化和都市型现代农业的总体部署,明确都市渔业发展思路,以远捕、精养、深加工、活贸易、促休闲为重点,加快渔业结构调整和增长方式转变步伐。要以体制创新和科技进步为动力,积极调整渔业产业结构和布局,努力实现渔业经济由数量型向质量效益型、由生产型向生态都市型转变,全力构建都市型现代渔业体系。重点打造生态渔业、休闲渔业、设施渔业、精品渔业、园区渔业、科技渔业、远洋渔业、外向渔业、港口渔业。

衷心祝愿大连海洋渔业的未来更加美好!

赵万里

2017 年 1 月于大连海洋大学黄海校区

目　　录

第一章 大连海水养殖业

改革开放以来,我国海水养殖业进入迅速发展时期。目前,我国海水养殖产量已占全球的 70％,成为世界最大的海水养殖国。海水养殖业受到我国沿海各省的极大重视,成为我国开发利用海洋生物资源的主流方向。在过去的 30 年中,水产养殖已成为全球增长最快的食物生产部门,并对国民经济发展、全球粮食供应和粮食安全做出了重要贡献。随着世界海洋捕捞强度的不断加大,海洋水产资源正逐步衰退。因此,各国都在积极发展海水养殖业,特别是发展中国家,海水养殖在水产养殖中占有相当高的比例。大连海水养殖业发展具有得天独厚的自然条件,是我国贝类产品的主产区。

一、大连海水养殖业发展现状

(一) 大连海水养殖业发展历程

1. 起始徘徊阶段(1930—1950 年)

1932 年,大连海带人工试养成功,成为中国海带人工繁殖的起源地。1934 年,从朝鲜采集的裙带菜,投放到市区南部海域试养成功。受当时历史条件制约,海带和裙带菜的养殖还没有形成生产规模,产量很低。到 1949 年,这"两棵菜"人工养殖产量才达到 48 吨,占当时海水产品总量不到 2‰。

2. 探索发展阶段(1950—1980 年)

新中国成立后,百废待兴,海水养殖业还没有引起关注。1952 年,全市以海带养殖为主的生产面积不足 300 公顷,年产量不足 100 吨。1955 年渔业组织化程度提高,调动了广大从业者的积极性。大连在国内率先开发了海带人工育苗及筏式养殖技术,并很快形成生产规模。1958 年,国家将大连确定为全国海带苗种生产基地,实现了中国海带养殖业的历史性突破。1973 年,大连又在国内率先突破了贻贝海区半人工育苗技术,使贻贝成为全市第二大养殖品种,并被国家认定为中国贻贝苗种供应基地。新中国成立后 30 年,虽然历经风风雨雨,但大连海水养殖业的发展步伐没有停止。1980 年,全市收获海水养殖产品 11 万吨,是建国初的 2 300 倍,其中,海带产品 7 万吨,贻贝 4 万吨,占水产品总量的 32%,比 1949 年增加 18 个百分点。

3. 快速发展阶段(1980—2000 年)

1985 年,国家确定了"以养为主,养殖、捕捞、加工并举,因地制宜,各有侧重"的渔业发展方针,激发了全地区快速发展海水养殖业的热情。近 20 年,海水养殖面积由 1.2 万公顷扩大到 10 万公顷,放养品种由 2 个增加到 20 余个,虾夷扇贝、裙带菜等放养规模及产量均占全国同类产品 90% 以上。养殖方式由单一的浮筏养殖拓展到池塘、滩涂、底播、网箱、陆地工厂化、人工鱼礁等,资源利用率大大提高。1988 年,养殖产量占水产品总量的 53.8%,早于国家 6 年实现了养殖产量超过捕捞产量的突破。自控及应对能力增强,先后攻克解决了对虾、鲍鱼和裙带菜病害防治技术,大连市水产研究所的鲍鱼杂交技术,挽救了大连及全国鲍鱼养殖业,推进了产业可持续发展。2000 年,全市完成海水养殖产量 118 万吨,是 1949 年的 2.5 万倍、1980 年的 10 倍,占水产品总量由 20 年前的 32% 提升到 55.3%,增加 23 个百分点。

4. 调整优化阶段(2000 年至今)

进入 21 世纪,随着我国加入世贸组织及大连全域城市化的推进,大连传统养殖产品生产空间减少,市场竞争压力增大,可持续遇到了

前所未有的挑战。面对困难,产业及时进行战略转型,优化产品、产业
结构,提高了发展内在动力。扩大了海参、鲍鱼、虾夷扇贝等优质高效
品种的生产能力。2010年,海参、鲍鱼、虾夷扇贝完成产量25万吨,实
现产值90亿元,十年分别增加22万吨和60亿元。按照高产、优质、
高效、生态、安全的要求,大连积极改造生产条件,提升技术装备水平,
推进健康养殖。近十年,仅市级财政就投入5亿多元,改造海参养殖
池塘30万亩,底播增值区100万亩,高标准陆域苗种场20万平方米。
加强监控,全面开展健康养殖示范区、无公害产地等建设,提升了产品
质量安全水平,增强市场竞争力,连续5年产品质量安全合格率98%
以上,高出全国平均水平3个百分点。

(二) 大连海水养殖业发展现状

1. 大连海水养殖产业分布

大连历年水产品产量居全省首位,也是我国重要的海水养殖基地
之一。2012年海水养殖面积49.5万公顷,水产品总产量132万吨。
主要产量集中在庄河市、长海县、普兰店、金州新区、旅顺口区、瓦房店
和高新园区。大连海水养殖业产值205亿元,有41个渔业乡镇,181
个渔业村,7.2万个渔业户,传统渔民14.7万人,渔业从业人员17.2
万人,养殖专业从业人员5.5万人,养殖专业人员占渔业从业人员
的32%。

2. 大连海水养殖生产方式

大连海水养殖主要方式为浅海筏式养殖、网箱养殖、海水底播增
殖、池塘养殖、工厂化养殖等方式。2012年海水池塘养殖2.8万公顷,
普通网箱养殖21万平方米,深水网箱养殖49.3万立方水体,浮筏养
殖8.7万公顷,底播30.5万公顷,工厂化养殖16.5万立方水体。网
箱养殖和工厂化养殖是近几年新型的养殖方式,在大连发展规模

较小。

3. 大连海水养殖业品种结构

2012 年,大连海参养殖面积 7.8 万公顷,产量 4.3 万吨,海参的主要养殖方式为底播增殖。大连的海参在全国享有盛誉,也是大连市水产养殖企业最重要的养殖品种,与其他养殖品种相比,海参的利润率较高。2012 年,大连海水贝类产量达到 91.2 万吨,主要生产品种为扇贝(虾夷、海湾、栉孔)、菲律宾蛤仔、牡蛎、贻贝、魁蚶、鲍鱼等。其中扇贝(虾夷、海湾、栉孔)产量达到 26.4 万吨,占贝类产量的 28.9%;菲律宾蛤仔产量达到 41.6 万吨,占贝类产量的 45.6%;牡蛎产量达到13.3 万吨,占贝类产量的 14.6%。

大连的主要藻类品种为海带和裙带菜。2012 年,海水藻类养殖面积为 1.3 万公顷,产量 31 万吨。2012 年,海水鱼养殖面积为 180 公顷,产量 0.5 万吨。大连的主要鱼类品种为鲆鱼、鲥鱼、河豚等。鲆鱼主要分布在金州新区、旅顺口区和甘井子区;鲥鱼主要分布在长海县;河豚主要分布在长海县、庄河市和金州新区。大连海胆养殖面积 2 728 公顷,产量 2 124 吨。虾类主要有南美对虾、中国对虾和日本对虾,养殖面积 1 613 公顷,产量 1 661 吨。大连的海蜇养殖面积 3 259 公顷,产量 34 吨。大连的蟹类主要为梭子蟹,养殖面积 1 公顷,产量 10 吨,主要分布在长海县。

4. 大连海水养殖苗种产业

(1) 产业能力

2012 年,大连育苗室共有 352.8 万立方米,饵料室共有 26.8 万立方米,孵化池共有 2 700 平方米,分布在旅顺口区、长海县和高新园区。其中旅顺口区孵化池面积占大连市的 74%;苗种池共有 2 833 亩,分布在瓦房店、长海县、庄河、花园口和旅顺口 5 个地区。其中瓦房店和长海县 2 个地区占据大连苗种池面积的 91%。

（2）生产品种

大连主要育苗品种包括海参、贝类、虾蟹、海水鱼等。2012年，育苗海参170亿头；贝类育苗672亿粒，其中鲍鱼2亿粒；虾类育苗15亿尾，其中南美对虾1亿尾；海水鱼苗543万尾，其中大黄鱼70万尾，鲆鱼220万尾。

（3）分布结构

2012年，大连共有苗种场1 073家，市级以上原、良种场有23家（国家级8家、省级12家、市级3家）。苗种场分布最多的是瓦房店，共有苗种场420家，占整个大连海水养殖行业苗种场总数的39.1%；其次为金州，2012年苗种场有178家，占大连苗种场总数的16.6%；接下来分别是庄河、开发区、长兴岛、旅顺、普兰店、长海县、花园口、高新园区及甘井子。

（4）健康养殖示范场

2012年，全市24家企业通过部局验收，获农业部水产健康养殖示范场称号。全市累计创建市级以上水产健康养殖示范场（区）334家，其中长海县61家、瓦房店52家、普兰店56家、庄河64家、旅顺口30家、金州（新区）49家、甘井子6家、开发区7家、长兴岛1家、花园口3家、高新园区5家。全市共创建部级示范场127家、省级示范场130家、市级示范场77家。

2012年，全市新认定和申报无公害产地29个，面积267.66万亩、产品36个。截至目前，全市认定无公害水产品产地264个，生产规模达到445.2万亩，占全市总养殖面积的70%以上，取得无公害产品认证222个。

（5）农产品地理标志

2012年，"旅顺脉红螺""金州毛蚶""普兰店蚬蛄"通过农业部专家评审，获国家农产品地理标志登记保护。此外，"大连虾夷扇贝""大连紫海胆""大连红鳍东方鲀""大连裙带菜""庄河牡蛎""庄河杂色蛤"

"旅顺赤贝""旅顺鲍鱼"也取得地理标志。目前全市已获得 11 项水产品地理标志,水产品地理标志数量占全国海水养殖登记品种的 80%以上。

(三)大连海水养殖业发展特点

大连海水养殖业生产方式逐步由粗放型向集约型转变,产业模式逐步由个体分散化养殖向相对集中、规模化养殖方向发展;管理模式逐步由渔民自己的无序养殖方式向标准化、规范化方向发展。

产业结构调整效果显现,养殖布局逐步优化。各地充分利用当地的资源优势,加快名优品种的调整力度,特色品种养殖势头迅猛。养殖环境得到改善,规模效应逐步显现。

优质生态渔业引领养殖业向质量效益型转变。社会对生态环境和资源保护的认识进一步提高,一些健康生态养殖模式得到推广,生态养殖规模扩大,成为节本高效的推广模式,促进了传统生产方式的改造升级。

设施养殖业取得成效,现代化水产养殖开始起步。由于扶持推广大型抗风浪深水网箱养殖,一些养殖企业已显现出良好的经济效益。工厂化养殖规模仍在快速发展之中,养殖技术和设施水平有了一定的提高。

休闲渔业继续成为城市周边养殖业发展的出路。各地加大了休闲渔业的发展力度,纷纷把休闲渔业作为行业新的经济增长点来抓。通过建立高标准的休闲渔业基地,把休闲渔业基地建设与旅游观光点、休闲度假村、人文景观以及生态环境建设结合起来,使水产养殖跳出传统养殖方式,谋求更高层次的发展。

生产与管理相结合。注重规范管理,将示范、创新、推广、创收合为一体,围绕服务办实体,办好实体促服务。加强科学管理,提高制度规范,体现了水产养殖制度化、法制化、规范化的管理方式。

二、大连海水养殖业发展 SWOT 分析

（一）大连海水养殖业发展优势条件

1. 优越的水产养殖条件

大连濒临黄渤两海，位于东经 120°58′至 123°31′、北纬 38°43′至 40°10′之间，属北半球的暖温带地区，具有海洋性特点的暖温带大陆性季风气候，属暖温带湿润、半湿润气候区，温和的气候条件非常适合海水经济动植物生息繁衍。负 40 米等深内浅海水域面积 52.5 万公顷，年自然海水水温－1～27 ℃，盐度 25‰～32‰，营养盐丰富，浮游生物含量高。大连还濒临中国北方渔业著名的渤海辽东湾渔场和黄海北部海洋岛两大近海渔场，蕴藏和生产众多的海洋生物，具有发展海水养殖业得天独厚的地理条件。

2. 丰富的海水养殖资源

大连海岸线总长为 1 906 千米，其中岛屿岸线 618 千米，大陆岸线 1 288 千米，居全国沿海地级市首位。大连海域面积广阔，海域管辖面积约为 29 000 平方千米，陆域总面积 9 812 平方千米。海域面积是陆域的 2 倍。拥有 500 平方米以上的岛屿 531 个，面积 524 平方千米。大连的海水养殖面积广阔，大连市拥有众多的优良港湾，港湾的基岩岸段长 950 千米，均适合开展海水养殖业。养殖品种繁多，生产手段多样，海珍品闻名遐迩，大连既是天然的滨海、海岛旅游胜地，又是我国北方最适宜发展海水养殖业的理想场所。

3. 雄厚的养殖产业基础

目前，全市形成了养殖模式多元化、养殖品种多样化的养殖体系。扇贝、海带、裙带菜、贻贝的单位产量居全国第一，虾夷扇贝、裙带菜规模和产量均占全国 95% 以上，鲍鱼、刺参占 50% 以上，具有国家级鲍

鱼、刺参、裙带菜、虾夷扇贝等 10 余个原良种基地。渔业产业化程度明显提高,8 大现代化渔业园区启动运转,加工产量占全市总量的 60% 以上。以渔港为依托的临港产业经济突破性发展,20 个规模渔港经济区基本形成,加快了渔村城镇化步伐。渔业科技贡献率继续攀升,已建立 100 多个渔业标准化示范工程和科技示范园,30 多家生产企业与科研院所和高等院校建立研发基地。

4. 悠久的养殖文化底蕴

黄渤海是我国北部海洋文化的核心区,文化底蕴是大连水产养殖业的内生动力。大连至少有 17 000 年的人类活动历史,6 000 年的开发史,110 年建市史,海洋文化深深浸润着大连。大连具有得天独厚的蓝色文化资源禀赋。大连市民海洋水产消费理念超前,消费能力和享受能力强。航海日、渔民节、钓鱼节、海参节、渔博会等闻名海内外,獐子岛、棒棰岛、蛇岛、金石滩等岛屿文化名扬天下。滨海浴场游、现代海洋文化景观游、海洋产业文化资源游、海岛游、渔家游、游艇游等休闲观光业广纳天下客。大连环境很美,大连海鲜好吃,已成为大连城市的蓝色品位。

(二) 大连海水养殖业发展劣势条件

1. 传统养殖空间萎缩

随着城市化进程的加快以及高效率、多元化发展海洋产业政策的实施,海洋产业发展的竞争态势日益激烈,向海洋要资源,要发展空间,导致近海海水养殖空间日渐萎缩。随着经济建设的快速发展,临港、临海工业项目用海日趋升级,城市的扩张致使城乡养殖池塘被大量征用,增养殖空间逐渐萎缩。

2. 环境监控压力增大

来自陆域大型项目建设向近岸迁移,近岸生态环境监控压力加大,工业废水和生活污水的排放量有增多的趋势,对近岸及河口的环境质量具有潜在性的影响,加大了环境监控的压力。

3. 资源配置不尽合理

养殖总体布局有待进一步优化:一些深海水域未能得到充分利用;另一些水域养殖模式及管理技术相对于现代水产养殖业的要求还有差距,鲍鱼、海参等传统管养式模式使得养殖业发展后劲不足;粗放式养殖仍占据较大比例;某些集约式养殖项目虽有所发展,但集约化、自动化程度不高;高效的网箱养殖尤其是深水大网箱养殖方式开发受限。

4. 基础设施仍较薄弱

大连是海水养殖业传统产区,开发较早,尽管经过多年的投入和改善,基础设施有了较大的改进,但仍需要较大程度的改进。一些基础设施建设需要拓宽金融支持海水养殖业发展的融资渠道。

(三) 大连海水养殖业发展机遇

1. 城市化进程的加快对拓展水产养殖业多功能性的要求更加迫切

大连水产养殖业的基础性地位决定了其在经济功能上,保供给、扩就业、促增收的作用至关重要。但随着城市化进程的快速推进,水产养殖业与食品产业、海洋产业、生态产业、健康产业与旅游产业等相关产业的关联度更强,在继续提升水产养殖业经济效益的同时,将更加突出水产养殖业的生态效益和社会效益。

2. 现代渔业的发展对水产养殖业走集约式发展道路的要求更加迫切

现代渔业充分利用大城市的科技、信息等优势,融合先进的生产技术、经营方式和管理理念。依靠科技进步,走集约式发展道路,是现代水产养殖业发展的必然趋势。

3. 标准化管理理念对水产养殖业品质提升的要求更加迫切

标准化管理理念的提升将使水产养殖业生产组织化规模更大,产业综合素质更高,信息化程度更强,产品质量更加优越,经营管理体制更加完善。

(四) 大连海水养殖业发展压力挑战

1. 资源和环境的压力

资源和环境的约束与水产养殖业可持续发展之间的矛盾依然突出。随着城市化、工业化进程的加快,沿海、城郊优良的水产养殖业水域、滩涂被大量占用,传统的养殖区域受到挤压,旅游、航运等产业开发与水产养殖业发展的矛盾日益尖锐。另外环境污染日益成为水产养殖业发展的严重障碍,而环境整治又是漫长的。

2. 基础设施的落后

水产养殖业是一个高投入、高风险的产业。由于公共基础设施建设投入长期不足,抵御各种风险能力较差,每年因自然灾害和生产安全事故给水产养殖业造成了重大损失。

3. 产业发展能动力差

大连水产养殖业专业合作经济组织占全市农民专业合作经济组织的比重还偏少,有些发展规模偏小,自我发展能力较差,服务水平较低,带动辐射能力不强。由于养殖与销售没有相互结合,经营松散,产业发展路径窄,产业链无法拉长,不能适应市场经济的规模竞争和水产养殖业的保护要求。

三、大连海水养殖业管理规范

（一）养殖证制度

养殖证制度是国家对养殖水域、滩涂实施管理的一项基本制度。《渔业法》是我国第一部明确规定了养殖使用证是确认养殖使用权存在的确权证明的正式法律文件。《渔业法》第十一条就明确规定国家对水域利用进行统一规划，确定可以用于养殖业水域和滩涂。单位和个人使用国家规划确定用于养殖业的全民所有的水域、滩涂的，使用者应当向县级以上地方人民政府渔业行政主管部门提出申请，由本级人民政府核发养殖证，许可使用该水域、滩涂从事养殖生产。同时第四十条还规定，未依法取得养殖证擅自在全民所有的水域从事养殖生产的，责令改正，补办养殖证或者限期拆除养殖设施。这些都说明实施养殖证制度是法律的规定，是用法律形式来规范渔业生产行为，鼓励和保护水产养殖业的发展。

目前的《海域使用管理法》《完善水域滩涂养殖证制度试行方案》等多部法律法规对该制度都有相应的规定：规定我国海水养殖实行养殖许可制度，此外对养殖许可证的发放对象、审批和发证机关、发证范围等都做了相应的规定。养殖证是一种许可证，或者说是一种从事养殖的资质证明，是国家普遍实行的一项制度。国家通过这种许可来控制养殖总量，实现养殖的合理布局。因此，我们可以说养殖权是国家为保护海域资源的合理使用而设定的许可资格。

据统计反映，截至 2012 年，大连市共发放养殖证 1 097 本，占大连养殖企业的 13.1%。实践证明，通过核发养殖使用证，确定水域、滩涂使用权，进一步明确了水域、滩涂的产权关系，极大地调动了渔民发展渔业的积极性，促进了养殖业的持续、稳定、健康发展。

（二）海域使用管理制度

海域使用管理制度是海域法律体系的重要组成部分，是为维护海域可持续利用和国家海域权益，科学布局海洋生产力，建立合理的海域开发利用秩序而由国家制定和认可，并有国家强制实施的法律制度，也是在国家主权所及海域从事海洋开发、利用、保护和利益维护等各类实用海域活动的行为规范和准则。

1993年6月，财政部和国家海洋局共同颁布了《国家海域使用管理暂行规定》，建立了我国海域使用的管理制度。2001年，《中华人民共和国海域使用管理法》正式颁布，确立了海洋功能区划、海域权属管理、海域有偿使用三项基本制度。以这部海域管理基本法律为依据，十多年来，我国海域使用无序、无度、无偿的局面得到了扭转，海洋管理体制发生了根本性的转变，由多头分散管理逐步走向了集中统一管理。这是我国政府强化海洋综合管理的又一重大举措，是我国海洋法制建设史上的一个里程碑。另外，国家海洋局先后对海域使用申请审批、海域使用权登记、证书管理、争议解决、测量管理、功能区划等各个环节进行了规定。

《辽宁省海域使用管理办法》是根据《中华人民共和国海域使用管理法》等有关法规起草的，结合辽宁省的海域管理工作实际情况作出的具体规定。该办法主要有海域功能区划的编制与批准、海域使用的申请与受理、海域使用的审批程序与审批权限、海域使用权的取得与公示、提前收回海域使用权的补偿准等内容。

1995年大连市全面实施《大连市海域使用管理暂行规定》，进一步完善与其配套的各项制度；全面完成全市大比例尺海洋功能区划，并报市政府批准实施，实现海域使用规划管理；全面推行"两个制度"，即海域使用许可证制度和有偿使用海域制度。

（三）水产苗种管理制度

为保护和合理利用水产种质资源,加强水产品种选育和苗种生产、经营、进出口管理,提高水产苗种质量,维护水产苗种生产者、经营者和使用者的合法权益,促进水产养殖业持续健康发展,根据《中华人民共和国渔业法》(简称《渔业法》)及有关法律法规,农业部于 2001 年制定了《水产苗种管理办法》(简称《办法》),规定了种质资源保护和品种选育、生产和进出口管理和苗种的检验和检疫。2004 年农业部修订通过了《水产苗种管理办法》,增加了水产苗种进出口管理的内容,完善了水产苗种生产审批程序,规定了对水产苗种生产实行许可证制度,进一步明确了水产苗种生产审批的条件、权限和时限;对苗种检验和检疫的内容进行了修改,同时对《办法》的适用范围进行了适当调整。

2006 年,辽宁省以《渔业法》为基础,借鉴农业部《水产苗种管理办法》和其他省、市、自治区水产种苗管理方面的法规和规章,颁布了《辽宁省水产苗种管理条例》,它是辽宁省水产苗种管理的第一部地方性法规。《辽宁省水产苗种管理条例》主要作四个方面规定:一是适用范围和执法主体方面的规定;二是鼓励、支持、保护和发展水产苗种方面的规定;三是规范水产苗种生产、经营和管理方面的规定;四是对违反条例规定的行为做出行政处罚的规定。

2006 年大连市海洋与渔业局根据《中华人民共和国渔业法》《辽宁省水产苗种管理条例》《辽宁省水产苗种生产许可证审批管理办法》等相关法律法规和规定,结合大连市实际,制定了《大连市水产苗种生产许可证审批管理办法》。水产苗种生产许可证的申请、受理与审批根据苗种生产规模的不同实行分级管理。近年来,大连市各级渔业行政主管部门加大了对水产苗种生产经营场点的管理力度,至 2012 年全市共审批发放了"水产苗种生产许可证"467 本,其中一些优势品种繁育场及规模繁育场 100％领取了"水产苗种生产许可证"，其余的生产经营场点也在申领和审批之中。全市的水产苗种生产管理工作基本走上了规范化管理的轨道。

(四) 海珍品资源保护制度

为加强海珍品的资源管理和保护,各级人民政府及其渔政部门和沿海渔业单位均把海珍品的资源管理列为重点。1973 年 5 月 28 日,旅大市改革委员会批转市水产局《关于海珍品资源利用和保护题的报告》,首次提出对海珍品的采捕实行划区管理养捕、增殖的办法,并限制捕捞,发放采捕证,对海珍品实行统一收购。1986 年 12 月 20 日,大连市人民政府关于印发《大连市海珍品资源繁殖保护暂行办法的通知》和 1986 年 12 月 3 日《关于设立大连三山岛海珍品资源增殖保护区的通告》,进一步完善了海珍品实行管养和采捕兼顾的办法,并对海珍品的禁渔期、采捕规格和对违捕的处罚等方面作了明确规定。

1994 年大连市人大常委会根据《中华人民共和国渔业法》和有关法律法规,结合大连市实际,制定了《大连市特种海产品资源保护管理条例》,2005 年又对其作了修订。据了解,根据特种海产品资源保护和管理的实际,为特种海产品立法,在国内并不多见。它既是大连市依法保护特种海产品资源实践的总结,也是国家法律法规在本行政区域内的具体化,具有鲜明的地方特色。《大连市特种海产品资源保护管理条例》共五章二十六条,明确了特种海产品的保护品种、保护时限和规格以及对种质资源的保护;明确了特种海产品专项捕捞许可证审批权的界定;授予渔政监督管理机构在禁渔期内对非法销售特种海产品的调查处理权;规范了核发增养殖海域使用权证书优先安排当地渔民和设施渔业生产特种海产品不受本条例限制;加大了对违法行为的处罚力度。

四、大连海水养殖业发展保障措施

(一) 建立稳定的融资机制,为现代水产养殖业发展提供财政保障

加强对现代养殖业发展的政策引导和扶持。搞好养殖业项目筛选、评估,建立"点项目库"。以政府投入为引导、企业投入为主体和广泛利用社会资金的多元化的养殖业投融资机制,逐步形成财政补贴、金融贷款、单位自筹和利用外资为四大支柱,多渠道、多层次的养殖业资源开发利用投入新格局。积极探索运用财政贴息方式,支持民营企业投资基础设施等项目建设,对已建成的基础设施,可通过实行特许招标方式选择和变更项目法人,也可通过经营权转让、产权置换、委托经营等方式盘活存量资产,吸引民间资本。市级财政投入主要用于养殖基地建设、原良种场建设、实验室建设、养殖业疾病预防控制中心建设以及水产饲料、水产苗种等方面的财政补贴。沿海区(市)县财政扶持重点用于优势养殖产业带建设、种子种苗、深水网箱养殖以及休闲渔业、创意渔业等。

(二) 创新管理体制,为现代水产养殖业发展提供制度保障

以全域城市化为契机,促进城乡资源均衡配置。要将政府的公共资源更多地投向养殖区,促进城乡基本公共服务均等化。坚持合法、合理、效能、责任、监督的原则,进一步规范行政审批,建立健全配套制度,促进政府职能转变和行政管理体制创新,大力推进"一站式"等便民服务模式,不断提高行政效率和依法行政能力。切实把发展现代养殖业纳入国民经济和社会发展的重要内容,编制区市县现代养殖区发展规划,实现有效衔接、规划协同。在落实优势特色养殖区规划基础上,明晰产业与功能发展目录,提出保护、鼓励、限制、禁止发展的产业

与功能类别,借助差异化资源价格和产业准入机制进行引导和调控。建立统筹全市现代养殖业项目招商引资协作信息的共享平台,为投资者提供准确全面的信息,引导产业与功能的合理布局。

(三) 切实加强领导,为现代水产养殖业发展提供政治保障

用科学发展观统领全局。正确处理好规模与效益、速度与质量的关系,处理好经济效益与社会生态效益的关系,确立新的发展思路,明确新的发展方向。加强调查研究,把握现代养殖业建设带来的环境变化,把握养殖业的发展规律,寻求和把握新的机遇和工作着力点,提高驾驭全局和应对突发性事件的能力。强化养殖业行政主管部门的宏观调控、市场监管和公共服务职能,在决策、执法、监督、落实等各个环节建立和完善行之有效的工作机制。根据本规划确定的指导思想、原则和要求,结合本地实际,制订实施方案,切实抓好落实。各相关部门要结合工作职能,密切配合,通力合作,形成多层面推进现代养殖业发展的合力。通过各种形式加强现代养殖业的宣传力度,形成全社会积极参与的共识。注意培养和挖掘各类先进典型与模式,及时总结推广,发挥示范导向作用,加快现代养殖业建设融入全域城市化建设步伐,精心组织,科学谋划,加强指导,全面推进。

(四) 加快结构调整,为现代水产养殖业发展提供科技保障

推进科技进步和技术创新。抓好实用新技术推广,强化工厂化养殖水处理技术、杂交育苗技术、优质健康苗种繁育技术等新技术的推广与应用。完善沿海区(市)县水产技术推广、动植物疫病防控站所的公益性服务职能,加快养殖业科技成果转化推广及疫病防控能力。依托科研院所,围绕传统产业升级、优势产业集群、新兴产业拓展等,加强科研针对性,对制约生产发展的关键技术进行攻关,为加快我市养殖业的发展提供有力的技术支撑。突出深水养殖、鱼礁投放、装备设

备等技术研发,着力破解海参、扇贝、裙带菜等优势产业种苗退化难题。应根据生产发展的需要,配套相应的优良苗种繁育基地,保证生产需求。出台渔业垂钓区、创意园、文化阵地等新兴产业的生产、开发及运行的地方标准和规范,推进新兴产业健康运行。利用好现代化信息技术和信息系统,构建养殖业信息网络,促进信息资源共享,推进养殖业现代化进程。

(五) 资源利用与环境保护相结合,为现代水产养殖业发展提供安全保障

强化养殖业资源养护和生态环境保护。扩大人工鱼礁、增殖放流等资源修复产业规模,建立陆岸保障、苗种培育、生产管理、规范采捕等产业化体系,改善水域生态环境;扩大海域生产秩序及环境质量监控范围,实行生产者责任延伸制度,确保优势资源可持续利用;发挥贝类、藻类聚碳、固碳的自然功能,合理规划,扩大放养规模,开发碳汇渔业新领域;建设市级病害防治、水质环境监测、水产品质检中心的同时,结合无公害养殖体系建设,积极推进相关区市县、重点单位和企业的病害防治、水质环境监测及水产品质检站点的建设;建立养殖业生态服务价值评价和环境灾害预警系统,定期对全市养殖业环境质量进行评价,对生产水域环境质量变化趋向进行分析报告,助推都市养殖业健康发展。

(六) 完善养殖业相关法律制度,为现代水产养殖业提供规范化保障

建立健全养殖业的法律规章制度,拓展养殖业执法领域,搞好水产苗种、渔用饲料、渔用药物、产品质量、防灾减灾、水域环境等环节的监管。尽快制定休闲渔业、人工渔礁、创意渔业等新兴产业的法律法规及行业规范,科学规范现代水产养殖生产行为。建立和完善行之有

效的养殖水域使用管理和执法监督体系,保证规划健康有序实施。市、县级渔业主管部门要定期对下一级工作进行巡回督查,科学指导规划实施。依法行政,提高执法人员能力素质。充分发挥规范执法和监督管理作用,为建设现代养殖业提供法规和智力支撑。

(七) 以设施渔业建设为重点,为现代水产养殖业提供机械化保障

按照专业化、标准化、系列化、规范化的要求加强各类专用设施建设。重点加强水处理设施建设,要对现有的各种水处理设施,在同一工况条件下进行比较,通过整体优化,建立具有地方特色的水处理设施;促进工厂化养殖,建立标准化、系列化的多功能育苗温室工程和附属设施,建立温室自动化监测系统,并实现远程控制;推进标准化网箱改进工程,鼓励支持深水大网箱技术工程;针对设施渔业病害特点和变化规律,通过改善和控制环境条件,调节有机体微生态系统,完善健康养殖的工艺流程。

(八) 促进专业合作社经营方式转变,为现代水产养殖业提供组织保障

依托合作社开展生产、加工、销售一体化经营模式,提高合作社内养殖户的收益,使合作社形成更加强大的吸引力。为合作社提供政策性保险,建立国家、合作社以及养殖户三方的保险投入机制,形成合力共同抵御自然灾害及市场风险,使加入合作社的养殖户维持持续生产的能力。对合作社融资提供专项扶持,鼓励银行业金融机构增加对合作社的无抵押、低抵押贷款。提升合作社的管理水平,借鉴现代企业的管理方法,对合作社进行规范化管理。

（九）促进示范区产业集聚，为现代水产养殖业提供机制保障

以规模经济为导向，实现示范区产业集聚效应。尽快提升水产养殖业示范园区总体规模和科技实力，并发挥关键领域、关键企业的辐射带动作用。各类养殖产业园区、养殖基地及相关企业应作为重点投资平台，以资金拉动作为产业示范集聚区发展的动力，利用市场配置资源的基础性功能，吸收、整合相关养殖企业，形成各具特色的产业示范集聚区。着力把产业示范集聚区建设成为科技发展的先行区、体制创新的引领区、成果转化的推广区。

（十）建立海域使用权流转制度，为现代水产养殖业提供权利保障

科学构建海域使用权流转平台，着力培育海域使用权流转市场。建立科学的海域定价机制，制定海域使用相关规划。制定和完善海域使用权流转的监督管理制度，保证海域使用权流转市场健康发展。本着优化配置资源的原则，海域使用权人可依法有偿转让、出租、抵押海域使用权。明确各养殖海域的占有权、经营权、支配权、抵押权、收益权，以法律形式对海域转让条件、转让程序、转让价格、违约责任、利益调节等重要问题进行规范。

第二章 大连水产品加工业

大连是我国重要的水产品加工出口地区之一。截至 2015 年，大连水产品加工企业共计 700 多家，其中年产值 1 000 万元以上规模的企业达到 200 余家，7 类水产品通过国家地理标志评审，加工业规模、档次和管理水平都达到全国前列。大连在国内率先开发了海参、鲍鱼等精深加工技术，企业与高校、研究所等研究机构进行了紧密的合作，部分加工技术项目获得了国家技术发明奖和科学技术进步奖。

一、大连水产品加工业发展现状

（一）大连水产品加工业发展状况

1. 加工产量和产值

近年来大连对渔业产业进行了政策支持，以促进渔业发展方式的转变，促进渔业体系的现代化建设，推动海洋渔业提高质量增加效益，促进大连渔业经济健康且持续发展。随着《大连促进海洋渔业持续健康发展实施方案》的颁布和实施，加工产量和产值有所提升，如图 3-1 所示。2015 年渔业总产量为 240.2 吨，与 2010 年相比，增长了 47.1 吨，增长率为 24.4%；渔业总产值为 460.0 万元，增长了 184.5 万元。渔业总产量、总产值的不断增长使渔业在大连农业的地位不断提高，而水产加工业经济呈现生产稳步发展，效益显著提升，结构持续优化态势。

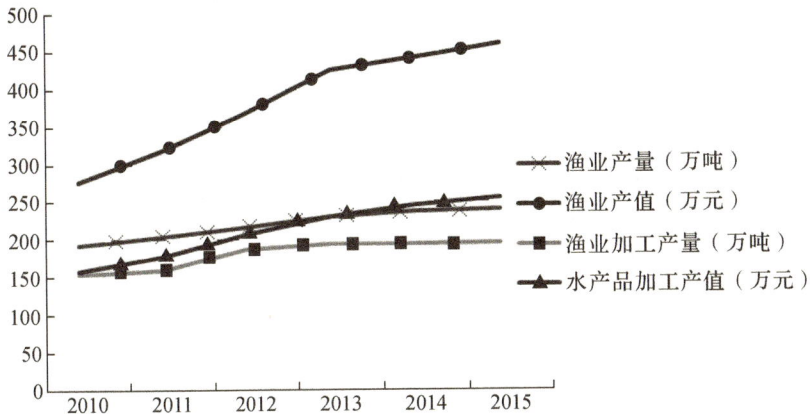

图例：
- 渔业产量（万吨）
- 渔业产值（万元）
- 渔业加工产量（万吨）
- 水产品加工产值（万元）

图 2 - 1　大连 2010—2015 年渔业和水产品加工产量产值

2. 产业规模和特点

目前大连水产品加工企业达到 700 余家，年产值 1 000 万以上规模企业达 200 余家；年加工能力 153 万吨，水产品加工产量约占全国 10％，加工规模处在全国前列。其中来料加工企业居多，约占 40％，本地资源约占 60％。大连滩涂贝类养殖面积、海参底播增殖面积等大面积发展，形成了以南部海域、旅顺口区为主要区域等 10 个水产品产业带；形成了庄河临港工业区、黑岛、龙王塘等 8 个水产加工园区。

2012—2014 年大连地区水产品加工项目投资不断加大（见表 2 - 1）。由表中可以看出，与 2012 年相比，大连 2015 年 500 万元以上水产加工项目投资增长率达到 68.9％，其中水产品冷冻加工项目平稳增长，但是占总项目的比重逐渐下降，其他项目的比重逐渐增加，鱼糜制品及水产品干腌制加工项目迅速增长。由此可见，水产品加工不是停留在初步加工层面，而是深加工的产品逐渐增多，水产品加工的格局更加合理化，逐渐满足了消费者对于水产品的各种要求。

表 2 - 1　大连地区 500 万元以上水产品加工项目投资(2012—2014)

指标单位:万元

指标	2012 年	2013 年	2014 年	增长率(%)
总量	449 535	894 716	759 000	68.9
水产品冷冻加工	318 239	591 979	479 252	50
鱼糜制品及水产品干腌制加工	5 860	96 605	58 720	902.0
水产饲料制造	13 720	21 525	53 525	278.6
鱼油提取及制品制造	13 800	80 607	32 900	139.1
其他水产品加工	97 916	104 000	134 603	37.8

3. 品牌建设

目前大连已经拥有一些优势企业和品牌,基于本地区的地理优势形成了一些优势产品,并以这些产品为重点推动技术革新,带动渔业出口贸易发展。"善岛""獐子岛""棒棰岛""天宝"4 大水产品加工企业获得国家农业产业化重点龙头企业称号;"中联""金山""国富"等 7 家企业获得国家农产品加工示范企业称号;"非得""善岛""獐子岛"等 4 家企业获得国家农产品加工业技术创新企业称号;"獐子岛""善岛""九阳"等 13 家企业荣获全国农产品加工业出口示范企业称号;"獐子岛""棒棰岛""辽渔""海晏堂"商标获得中国驰名商标。大连拥有一批水产加工企业,这些企业具有规模比较大、技术水平先进、对产业的发展有一定的带动作用、品牌拥有知名度、产品的质量可靠等特点。

4. 水产品销售市场

大连水产品种类繁多,高中低档应有尽有,许多水产品公司在各大超市市场建立了稳固的销售网点。大连消费腹地广阔,京津唐、东北内蒙古地区是其重要消费市场。2013 年大连水产品出口量已达 68 万吨,产品销售到日韩、欧美等国家和中国港澳台等地区,成为全国重要的水产品出口基地。

(二) 大连水产品加工业面临的问题

1. 技术创新转化不足

部分加工企业高新技术的应用和成果转化不足,水产品的精深加工程度不够,高附加值产品少。部分技术如保鲜、杀菌、包装等技术成果应用率低,跟发达国家的差距较大。海洋药物、海洋功能食品、保健品技术开发尚且不足。目前大连水产品加工仍以冷冻和冰鲜方式为主,技术含量不高,资源利用率不高,加工产品的结构也大致相同,导致企业之间产生恶性竞争,行业整体利润下滑。

2. 加工成本增加

近年来,水产品市场需求下行压力增大,水产品加工企业订单相继减少。人民币升值,也导致出口企业竞争力下降,出口产品价格优势丧失,同时汇率的变化又增加了企业出口商品的交易风险。随着越南、印尼等国水产品出口竞争力的增强,部分中国出口商订单减少。再者我国用工成本近年来逐渐提高,自 2008 年新的《劳动合同法》实施以来,各行业的用工成本进一步加大,为了招到生产一线熟练工人,加工企业不断提高待遇,导致工人流动性增加,管理成本相应提高。

3. 产品源头污染严重

随着沿海经济的快速发展,近海海域生态环境遭受到了巨大的破坏。近海海域人们生产生活频繁,生活污水工业废水严重影响了海水水质,大连约有 22% 的海域水质低于第四类海水水质,海水污染面积依然很大。近年来海上石油污染事件频发,2006 年的长岛油污和2010 年大连石油泄漏事件以及 2011 年日本地震造成的核污染,对水产品质量安全形成较大威胁。

4. 品牌建设有待加强

大连水产品加工业以出口加工为主,水产品销售大部分为鲜活和冷冻产品,缺乏深加工、精加工产品,水产品加工还停留在粗放式阶段。近年来,大连虽然涌现出一批名优加工企业,并在品牌建设上取得了一定的成功,但与发达国家相比仍有较大差距。大连大多数水产品加工企业品牌建设意识不够,仅仅满足于眼前的生产利益而忽视企业的长久发展。

5. 市场流通存在障碍

国内外经济环境的瞬息万变给大连加工业发展带来了较大的市场冲击,大连水产品出口存在贸易壁垒与反倾销等限制。国内市场由于受交通运输、冷冻技术等制约,大宗水产品难以开拓更大的市场,水产品流通成本过高,加工企业利润降低。

二、国内水产品加工业发展经验借鉴

(一) 舟山经验借鉴

作为我国目前最大的水产品加工出口贸易地区之一的舟山,以其得天独厚的地理和资源优势,从上世纪 80 年代就开始了水产品加工,经过多年发展成为我国重要的水产品加工基地。舟山水产加工业的发展从时间上看,大致经历过三个阶段:服务渔业阶段、产业外延扩张阶段和外延扩张和内涵提高同步进行阶段。与之相对应的是水产加工行业规模的不断扩大、生产能力的不断提升和加工技术水平和管理水平的提高。值得一提的是,舟山水产加工行业发展也带动了水产品流通及相关要素配给服务的提升,同时现代物流体系的建立与完善也助推了水产品加工行业的发展。

1. 成功经验

(1) 提升管理水平。20 世纪 90 年代以来,舟山经过多年的积累发展,在水产加工硬件设施和管理水平方面都有了较大的提升。舟山引进并安装了多条先进的生产线，研发了以方便、营养、多样等为特色的小包装新产品，形成了品种繁多的水产品加工系列。水产加工产业完成了从粗放型向精深型、从单一型向多元化的转化。在政府的引导下，加工企业增强了质量安全意识，完善了质量体系，在厂房、车间设计、加工程序和人员管理等各个节点上都采用了相应的质量卫生标准。部分企业获得了卫生注册资格。为了增强对市场风险的抵抗能力，舟山采用市场细分的方式，在原有市场基础上继续开拓了新型市场。例如对于欧盟、美国、日本等国以销售成品为主；韩国以出口简单加工原料或是半成品为主。多元化的国际贸易格局，在一定程度上降低市场风险。

（2）提升生产水平。为了有效缓解海洋渔业资源减少的压力，同时促进出口产品的多元化，舟山采用了来料加工方式。凭借廉价劳动力和原料损耗少的优势，舟山吸引并刺激了来料加工贸易的发展，并逐步提高深加工技术。

（3）建立现代物流体系。经过多年的发展，围绕水产品加工，舟山现代物流体系已经初具规模。通过对新兴市场的开拓，加强了国际市场多元化的建设，逐步完善了出口加工水产品的销售网络。日渐发达的电子商务、网上交易等新型商业运作模式，向传统出口加工水产品交易市场挑战。在管理体制、运作方式等方面刺激了传统市场。电子商务的普及和应用，加快了水产品流通速度，无形市场极大地带动了有形市场的发展。与此同时，舟山相配套的基础设施也逐步完成，舟山海域港口冷库的建成营运，为水产品加工业进一步发展提供了便利，为物流畅通提供了保障，同时也缓解了水产加工原料供应紧张的问题。舟山国际水产城已经发展成为水产品交易的集散中心、信息中心，完善并促进了水产品流通的物流建设，成为水产品贸易的重要节点。

2. 存在的问题

（1）原料供应不足。由于受到加工技术的限制，水产品加工量在渔业总产量的比重很小，大部分产品未经加工直接进入了消费市场。对于舟山地区的水产品加工来说，大部分采用本地原料，来料加工量偏小，对国外水产资源的利用率很低。再者，对水产品的精深加工能力不足。虽然在精深加工技术方面有了发展，但是仍存在产品开发能力较弱，大部分水产品仍以冷冻、切割为主。产品科技含量低，附加值低。这和企业的经营管理理念有直接关系。

（2）资金与劳动力资源不足。一方面受到国际金融环境的影响，舟山加工产品出口量下滑，出口水产品价格下跌，导致水产品出口利润缩水。另一方面，由于捕捞产量的下降，进口原料上涨以及劳动力资源价格的提升，水产品生产成本显著提高。水产加工企业属于劳动密集型企业，劳动力短缺成为制约其发展的另一个因素。究其原因，除了产业结构方面的原因，还存在企业利润低，从而导致员工收入低，形成了加工人才短缺的恶性循环。同时部分企业缺乏依法用工和善待员工的观念，导致企业员工流动性较大。

（3）质量安全问题。为了防治水生动物在生长过程中可能出现的各类疾病，水产养殖户会在水中投入禁用或者限用的药物。舟山水产养殖规模大，养殖户对于科学用药的认识和知识不够，导致滥用药物的现象极为普遍。受到水动力的影响，一些未曾用药的养殖水域同样会受到相邻用药水域的污染，常常出现一家用药，周边超标的现象。而对水产品加工企业来讲，养殖过程中的药物监管难以实施。另外，投入加工前，部分企业缺少了检测环节，或者企业管理水平低，员工对于水产品质量安全卫生方面认识的匮乏和责任心缺乏都是导致水产品质量安全卫生不过关的因素。

(二) 温州经验借鉴

温州地处我国黄金海岸线中部,管辖海域面积大约 1.1 万平方公里,是我国较早投入水产品加工的地区之一。温州经过多年的发展取得了一些成绩,但同时也面临着一些困难,这些对于大连水产品加工业的发展都有着借鉴意义。

1. 成功经验

(1) 重视企业规模和品牌建设。为了增强水产加工企业的发展速度,温州市主管单位在 2002 年提出了"打造全省水产品加工与流通强市"的目标。在这个目标指引下,水产加工业的硬件设施不断完善,企业的规模快速扩展。到 2012 年,温州市水产品加工企业超过 200 家,冷库达到 128 座,加工产值超过亿元的有 7 家,超过 5 000 万元以上的有 15 家,1 000 万元以上的有 50 余家。温州市在品牌建设方面进行了大量的工作,截至 2012 年,注册了商标的企业超过 100 个,国家无公害水产品 77 个,获得中国绿色水产品称号 6 个,获得名牌产品 52 个,水产品加工企业呈现集约化、专业化、规模化、产业化的局面。

(2) 提升产品质量和科技含量。随着水产品加工市场的不断规范,温州市加强了产品质量安全的宣传,努力创建质量安全保障体系。多家捕捞、养殖、水产加工企业获得了质量认证、进出口自营权或者国家技术质量监督局认定的产品原产地标识。针对温州市原来的"一把刀、一把盐、一只桶"的传统加工落后状况,温州市采取了一系列措施进行改进,初步实现了现代化加工生产的目标。一批企业引进了国外先进的食品工艺和新技术,一些企业加强了与学校等科研院所的合作,加大了科研投入,进行了科研成果的转化,部分水产品加工科技项目被评为市、县级科技进步奖与省级丰收奖。这些措施极大地促进了水产品加工业的发展。

（3）丰富产品种类，细化市场。进过多年的发展调整，温州市水加工的产业结构逐步向"方面化、多样化、营养化、成品化、卫生化"的格局转变。形成了以冷冻水产品为主，干制水产品为辅，休闲即食产品、鱼糜制品、海鲜调味品和海洋保健品为补充的产业格局。每种产品针对的客户群体不同，市场定位也不同。以干制水产品为例，已经荣获"中国名牌农产品"称号的"大三元"牌产品已经远销欧美和东南亚地区。香海水产公司生产的烤香鱼曾经一度占有全国一半的市场份额；华忠水产公司为代表开发的鱼丸系列产品远销海内外。据统计，温州市水产品加工品种已经达到 300 多个，近年来在国内外各类农博会、渔博会、科交会上崭露头角。

2. 面临的困境

（1）原料等成本的提高。水产资源的持续枯竭，成为制约水产加工业发展的主要瓶颈。在国际海洋新制度实施的大环境下，伴随着海洋污染的加剧，短期内水产品产量的大幅增长可能性几乎为零。在这种背景下，加工原料的争夺之战越演越烈，导致了原料成本的增高，加之设备投入、人工和其他能源价格的走高，成本投入成了几乎所有企业要面临的难题。

（2）政策规划导向不力。温州素以轻工业为基础产业，水产品加工业在经济结构中所占比重不大，尚未引起重视。水产品加工行业标准不规范、产业引导不足、产品开发重复、生产无序等现象尚待解决。在这种环境下，企业需要政府在政策规划、管理制度、行业标准、市场规范等方面进行引导帮助和扶持。

（3）加工技术落后。温州水产品加工企业普遍存在"低、小、散、差"状况，其设备陈旧、技术落后，员工没有进行正规培训。究其原因主要是科研投入不足制约了技术创新的发展。主管部门对水产品加工基础理论和转化研究投入不足，企业对于产品开发和技改管理升级不重视，高校、研究所等科研单位研究人力缺乏，成果较少，这些导致了温州的水产加工技术发展较为缓慢,制约了加工业的发展。

(4)品牌建设后劲不足。温州水产品加工业在产品商标注册、创建企业品牌等方面的关注程度和积极性较以前有了较大提高,但是与其他发达地区相比仍有不足,主要体现在对于品牌建设的普遍认识不足,很多企业只顾眼前利益和短期目标,对品牌建设的重要性没有理解;缺少品牌建设的经验,部分已经认识到品牌建设重要性的企业,由于经验不足,没有意识到制度、管理、推广和维护的重要性,影响了品牌建设的效果;再者品牌建设资金投入较大,时间周期较长,只有少数企业能够负担起这方面的投入。

(5)市场体系不完善。对于温州的水产品加工业,外贸方面绿色壁垒和反倾销等使其失去对虾等出口产品的国外市场;内销方面,流通渠道狭窄严重影响了水产品的生产加工。导致这种现象的原因,一方面是温州地区生产的产品口味以本地为主,不能迎合内地消费者的口味需求,带来了地域性的流通局限;另一方面其销售平台较为单一,专卖店和超市是其全部的销售渠道,其中产生的进场费等一系列费用消耗了加工环节创造的价值,利润降低。而加工企业自建的销售网络又存在管理难、费用大、速度低等一些弊病;最后配套设施和运输环节的不完善也制约了生产加工企业销售渠道的畅通。

三、大连水产品加工业发展对策建议

(一)保障加工原料来源

其一,加强海洋渔业资源养护,保持海洋捕捞生产稳定增长。加大渔业资源增殖放流力度,加大专项投入,优化苗种放流结构,促进渔业资源恢复性增加。同时,加强渔业执法,严控违规出渔。其二,加快海水养殖业结构调整,提升海水养殖生产效益。加大水产健康养殖推广力度,推行创新型生态健康养殖模式,提高产品质量和效益,促进地方大宗优势养殖品种发展。其三,继续深化发展海洋牧场建设,加快海洋牧场的规范性、规模性建设。科学发挥水产养殖对水产品加工的发展促进作用。

(二) 加强新技术创新与转化

进一步提升水产品精深加工工艺、装备现代化和质量安全水平,加强新产品研发,提高水产加工科技含量,促进渔业资源高效利用和产品附加值提高。推进现代冷链物流业发展,加快流通市场建设,创新电子商务等现代营销模式,促进水产品加工与养殖、捕捞产业融合发展。针对部分产品市场需求变化,企业嗅觉灵敏度不够,应增加相应的指导服务,及早调整生产结构,引进、推广适销对路品种生产,培育接续品种,保持产业持续发展尽可能降低产品积压风险,促进有序竞争,降低加工企业损失。

(三) 促进水产品精深加工

大连应立足区域优势,利用好大连啤酒节、服装节等一系列特色的节日扩大水产品的知名度,提高竞争力。进一步促进水产品的精深加工。发展精深加工首先要逐步提升水产品精深加工的档次,要在提高加工品鲜度、减少水产品加工原料消耗等方面下工夫,由此提高精深加工产品的档次和附加值。其次要拓展精深加工的领域,不仅要引导低值海产品的增值开发,提高水产品原料利用率,更要不断利用水产品的保健等功能研发出新产品。

(四) 提高品牌竞争意识

深化品牌意识,以品牌发展带动产业发展的战略推动品牌建设发展,提高水产品的知名度和市场占有率,树立质量意识、品牌意识,在充分利用现有水产品销售平台与渠道的同时,开发利用更多的平台进行品牌宣传,树立良好的品牌信誉形象,提高水产品加工业的竞争力。

(五)降低产品源头污染

政府应加强立法工作,为海洋生态环境保护提供有效的法律依据;设立海洋生态保护区,加大污染治理和执法监督,建立完善工业区污水处理系统;加强与沿渤海的河北、天津、山东的联合治理,对已经受到污染的海域要加强治理,对于生态环境良好的海域要加强保护。

(六)完善质量监督体系

严格市场准入原则,对于不符合规定的水产品严禁流入市场,利用现代化的生产流水线,严格执行生产操作和质量标准,减少生产环节对水产品质量的影响。充分发挥政府监管作用,推进水产品国际质量认证,完善相关立法工作,为水产品质量安全提供有效的法律保障。

(七)完善流通市场体制

调整生产结构,大力开发国内市场,针对不同地区,生产适销对路的产品。将水产品生产加工储存保险运输销售融为一体,将水产品销售与电子商务,网上销售相结合开辟更加广阔的市场。完善冷链物流体系建设,促进仓储、运输集成发展。

第三章　大连休闲渔业

休闲渔业开始于 20 世纪 60 年代,起初在一些经济较为发达的沿海国家和地区产生并逐渐发展起来。随着时代的发展,逐渐融入了旅游、观光、餐饮并嫁接到休闲、娱乐、健身等项目上,很好地把第一产业与第三产业有机结合起来。休闲渔业的发展不仅增加了渔民收入,提高了生态效益,更为渔业的创新型发展开拓了路径,创造了极大的的社会效益与经济效益。各国的实践证明,休闲渔业的发展在渔区保护、渔民收入、产业结构调整等方面都发挥着积极的作用,已成为现代渔业发展的中坚力量。

一、大连休闲渔业发展现状

休闲渔业作为传统渔业与现代旅游业的交叉产业,已成为当今世界渔业发展的一大趋势。大连作为我国重要的港口城市和旅游城市,在休闲渔业的发展上迎合了城市居民休假到郊外休闲娱乐的需求,在发展水产养殖业的同时,建立集郊游、垂钓、鱼鲜品尝等一体化的休闲渔业景区,吸引了大批游客的光临和参与。休闲渔业的开发既为渔民提供了更多的就业机会,也为社会提供了升级消费产品,在增加渔民收入等方面发挥着越来越重要的作用。

(一) 大连休闲渔业发展条件及状况

1. 大连休闲渔业发展条件

(1) 大连地处辽东半岛南端,濒临黄、渤两海,旅游资源十分丰富,其中海岸线长达 2 211 千米,浅水岸线约 700 千米,深水岸线约 300 千米。滨海海域面积广阔。大连地区属于温带季风季候,冬暖夏凉,四季皆宜发展休闲渔业经济,是一个充满魅力的城市。

(2)人文旅游资源是大连发展休闲渔业的良好载体。大连以浪漫之都著称,大连的浪漫不仅以海水、沙滩、阳光闻名于世,更以服装、足球,国际服装节、国际马拉松赛、徒步大会等休闲文化活动而著称,对游客产生吸引力。可以说休闲渔业的发展为大连经济的崛起起到了至关重要的作用。

(3)高品位的休闲观光渔业景区,本身就是休闲渔业发展到一定阶段产物。到目前为止,大连已有多处品位较高的观光渔业景区,例如黑石礁垂钓区、虎滩垂钓区、星海湾垂钓区等自然休闲渔业景区,同时还建有圣亚海洋世界、虎滩乐园、国际和平公园、金石滩风景区等观光景区。

(4)大连休闲渔业开发市场广阔,市场潜力巨大。大连经济发达,居民消费理念超前,消费能力和享受能力强,具有玩海、赶海、碰海、吃海的传统,也具有识海、品海、亲海、爱海的情结和情怀。大连的企业家有投资于休闲渔业的意识,人们有消费于休闲渔业的需求。大连休闲渔业开发的市场潜力巨大。

(5)大连的城市可进入性和城市辐射力强。大连交通发达,海、陆、空交通网络已经形成。大连在东北老工业基地振兴和东北亚经济圈崛起中占有重要战略地位,区位优势明显。这为休闲渔业开发投资的多元化创造条件,极易形成外向型休闲渔业开发格局。

大连是全国知名的海滨旅游城市,渔业资源丰富,在发展休闲渔业方面有着优越的自然资源和经济文化条件。因此,大连应根据自身渔区的特点和消费需求,在以常规渔业为基础的同时,大力发展以旅游观光、休闲、垂钓为主的休闲渔业,并以此带动其他产业的发展,提高渔业经济的发展质量,使之成为大连新的经济增长点。

2. 大连休闲渔业开发状况

大连作为我国东部沿海城市有着特有的海洋资源,发展海洋经济基础较好。近年来,大连市在充分发挥旅游资源的同时,建设了一批高起点、高规格的近郊休闲渔业经济带和海岛休闲渔业经济圈,初步形成以沿海岸线为基础、岛屿为补充、渔家为重点的休闲渔业发展格局。

大连休闲渔业主要发展地区为长海县和旅顺口区。在长海县政府"渔业立县、工业强县、旅游兴县"三大战略的推进下,"渔业"与"旅游业"的结合大有增进。新建金沙广场、北海浴场、鹰嘴石、音乐喷泉广场等一批景区、景点之外,推出"垂钓赶海游""观赏渔业游""品尝海鲜游"等特色休闲渔业旅游项目。钓鱼节活动是多年来休闲渔业发展的新亮点,其形式丰富多彩,吸引了众多国内外宾客来海岛参加钓鱼比赛。2005年以来,大连连续举办该项渔业文化传播活动,并取得了不错的经济、社会效益。长海县休闲渔业的发展依仗其资源、区位优势和产业结构,重点突出海岛文化特色,以"钓鱼搭台,经贸旅游唱戏"为宗旨,进行旅游观光、经贸洽谈,促进与国内外的经济合作与技术交流,已成为发展海岛经济的催化动力。旅顺口区在休闲渔业的发展方面则充分利用休渔期和底蕴深厚的渔文化,在产业结构调整上进行资源重组并对休闲渔业项目进行深度开发。2004年以来连续举办的"渔人节",以祭海大典、秧歌表演、鼓队表演、鱼苗放流等丰富多彩、充满渔家风情的活动,弘扬广大渔民崇尚大海、祈福求平安的民俗传统,培育广大渔民保护海洋资源和生态环境的责任意识,使海洋渔业与旅游产业紧密结合、联动发展。可以说我市休闲渔业的发展充分体现了深厚的文化底蕴,也为精神文化的享受提供了重要功能,而且具有积极的社会和经济意义。

(二) 大连休闲渔业发展存在的主要问题

总体来说,大连市休闲渔业这些年的发展呈现出良好的态势,各地区休闲渔业的发展各具特色,内容丰富,呈多样化的发展趋势;休闲渔业的发展趋向产业化、规模化、综合化;休闲渔业发展势头迅猛,经济效益显著。但同时也暴露出很多问题,和国内东部沿海地区相比还存在着许多不尽完善的地方。例如:发展时间较短,总体上看处在比较分散、水平不高的起步阶段,在很大程度上影响着我市休闲渔业的可持续发展,迫切需要引起有关部门和社会各界的密切关注和重视。

1. 缺乏规划,开发竞争无序

休闲渔业的发展重在规划,可以说科学的规划对休闲渔业的发展起着决定性的作用。长久以来,我国对于休闲渔业的研究一直处于懵懂期,对于休闲渔业和传统渔业的认识始终混淆不清,造成对于休闲渔业缺乏前卫性的研究。不管从宏观上还是微观上都没有很好地考虑到休闲渔业开发过程中涉及的诸多利益群体,无序开发中,形成了谁发现,谁开发,谁受益的局面,在发展中意识到问题的出现也没有进行合理有效的分析并及时解决,根本原因就在于没有对规划做出一个很好的论证分析。不但如此,在休闲渔业的管理问题上忽视了决策者与执行者之间的内在联系,进而导致休闲渔业发展中开发无序、管理混乱的局面。并因此出现了休闲渔业资源的开发过程中低估或高估资源价值的现象。

虽然近几年来我国休闲渔业有了充分的发展,但尚处在比较分散、水平不高的起步阶段。各地多是根据当地的自然资源优势,因地制宜地建设休闲渔业项目。由于缺乏统一规划,在开发过程中或多或少存在盲目性,这也引起政府和业界的高度重视,从而采取各种制度控制非商业捕捞的规格、品种和数量以及垂钓方式、游钓渔船等,以保护日益衰退的资源和污染严重的环境。

休闲渔业的内涵从实际意义上讲是十分丰富的,但目前在我国大部分地区开展的活动项目都相对缺乏,大部分地区的休闲渔业存在规模小、品种单调、项目雷同、无序建设及管理失位等问题。休闲渔业是一个新兴产业,虽然一直处在发展中,但是仍有许多地方需要明确和完善。

2. 保护不力,资源环境退化

休闲渔业相对于商业渔业来说虽然投入成本较低,但是产出却很高。因此,各地也纷纷抓住机遇开始大力发展休闲渔业,但是在开发过程中因缺乏有效控制,进而造成在渔获物种类、捕获量及入渔的人数方面的盲目性。这种失控、无序的发展给渔业资源带来的压力是巨大的。与此同时,重渔业、轻休闲,重经济效益、轻生态效益和社会效益的观念已成为各地发展休闲渔业的主流认识。

休闲渔业的盲目、无序开发也造成了渔业食物链的严重破坏,常年捕获渔业生物链的顶层鱼类,间接改变了海洋生态系统的结构、功能和生产率。其次,近海地区往往是多种鱼类繁殖的栖息地,所以人们在进行休闲渔业活动的同时,经常捕获到非成熟鱼目,除此之外,丢弃的鱼线、鱼钩还会对海鸟、海洋哺乳动物以及其他海洋生物产生伤害,使死亡率增加。更有甚者,一些地区的休闲渔业开发侵占海滩、垃圾污染海域、用炸药和毒药(氰化物)捕鱼及采集观赏鱼等现象,对环境系统所造成的直接和间接破坏难以估量。

从20世纪80年代以来,我国沿海沿江水域环境污染问题随着经济的迅猛发展日益突出。沿海近郊的鱼类繁殖区随着资源环境的不断恶化,逐渐延伸到水产养殖区,长此以往大部分鱼类因为生存环境恶化等问题,适应性越来越差,甚至造成大面积死亡的严重现象。渔业资源环境的污染以及生态的退化,已成为制约我国休闲渔业经济发展的大难题。

3. 管理混乱,法制建设滞后

大连休闲渔业发展至今还属于一个新兴的产业,因此,在管理体系、行业准入、管理归属等方面都没有系统的政策规定。在管理权的归属上职责不清、标准不一，造成管理上的混乱。在休闲渔业的发展过程中经常会出现职责不清的情况，农业相关部门与旅游相关部门总是互为错位，管理无序。除此之外，决策与计划的制定者缺乏对规划合理性进行有效的分析与研究，经常出现无为的变动，有些好的休闲渔业项目在已经运作良好的前提下，因为经营管理不善等问题而被迫中止。这样一来很大程度上打击了渔民生产劳作的积极性，也让投资者和休闲渔业从业者变得无所适从。

此外，我国渔业管理目前还达不到发达国家相对系统化的管理水平，在面对无序开发、资源锐减、原生态资源环境日益破坏的情况，法律法规不尽完善，在管理上显得无从下手，所以说目前已有的法律法规在针对休闲渔业可持续发展的问题上有许多与政策不适应的地方。我们的休闲渔业还处于生产调节性阶段，很多地方需要完善，另外，健全的法律法规制度也存在着管理不严、执法不力的情况。

二、大连广鹿岛休闲渔业开发案例分析

(一) 广鹿岛休闲渔业开发现状

1. 广鹿岛休闲渔业开发条件

(1) 广鹿岛地理环境得天独厚，它西与大连金石滩国家旅游度假区相邻，北与皮口、登沙河等辽南重镇隔海相望，是长山列岛中与大连最近的岛屿，素有"大连门户"之称，是一个充满魅力的游客休闲度假场所。依托长海县旅游度假区，岛上旅游资源丰富，其中以仙女湖和马祖庙为代表，外加岛上优秀的自然风光和多处优良的天然海水浴场，都为广鹿岛休闲渔业的稳步发展提供了保障。

(2) 广鹿岛外部交通可进入性高，整个海岛距离县城的大长山岛有11.8公里。船运虽然是唯一的对外交通方式，但是每天往返于四面八方的船只多达十几班次,而且随着船舶制造业的发展,海上运输受外力影响也越来越小。这些为外来游客的到来以及岛上与县城及内陆地区的商品交换带来便利。岛上内部环岛路宽敞而平坦,畅通的公交线路也为游客提供了旅游便利。

(3)广鹿岛的休闲渔业在客源市场方面以国内游客为主。其中国内游客中省内游客占到了78.3%左右,体验渔家生活是其主要目的。省内游客中大连市及周边占到63%,省外游客仅占18.7%。在游览频率方面,首次游玩的游客比例为49.3%,第二次游玩的游客比例占到31.7%。在停留时间方面,52%的游客仅逗留一天。这可以看出广鹿岛社区休闲渔业的客源辐射面还较小,且逗留时间都比较短,市场占有率不高,宣传营销以及休闲产品亟待改善、更新。

2. 广鹿岛休闲渔业开发状况

广鹿岛位于黄海北部外长山岛的西部,是国家级海岛森林公园,是辽宁省的风景名胜区之一。广鹿岛陆地面积31.5平方公里,海域面积1 000平方公里,绵长的岸线,近岸的海域,提供了游钓、娱乐、观光等休闲活动的发展空间。

近年来,大连长海县广鹿岛以建设国际旅游避暑胜地和现代休闲渔业发展基地为目标,以休闲度假、自然和渔业观光为主攻方向,突出海岛生态和休闲渔业两大特色,不断强化旅游基础设施建设,加大渔家风情村、民俗文化村和"海上人家"水上餐厅等特色旅游产品开发力度,做大做强了以渔家乐为主要内容的海岛特色旅游项目,并取得了一定成果。全县共有渔家旅店、度假村、宾馆旅店近36家,全年上岛游客11多万人次,旅游综合收入1.1亿元。目前发展模式主要有海岛垂钓休闲型、旅游观光型、渔家体验型、海岛避暑型和购物休闲型等。广鹿岛休闲渔业开发采取政府引导,基地示范引领、龙头带动,集团、企业、个体参与等组织形式,经营管理形成了以獐子岛集团为代表的集团经营管理模式、以昌海全福为代表的民营企业管理模式以及家庭休闲旅游业的个体经营管理模式等 3 种主要模式。为了促进了休闲渔业的发展,政府还出台了鼓励投资发展休闲渔业的优惠政策:一是让发展休闲渔业的企业和个体户优先享受国家项目补贴;二是对发展休闲渔业的企业和个体户可视情况适度减免海域使用金;三是对发展休闲渔业的企业和个体户可优先开发利用海域资源。2005 年以来连续举办钓鱼节活动,形式丰富多彩,吸引众多国内外宾客来海岛参加钓鱼比赛,进行旅游观光,经贸洽谈,凸显"钓鱼搭台,经贸旅游唱戏"之宗旨,全面展示长海的产业、资源和区位优势,突出海岛文化特色,促进与国内外的经济合作与技术交流,成为发展海岛经济的催化动力。

(二) 广鹿岛休闲渔业运行模式

长海县广鹿岛休闲渔业的发展采用的是"政府＋社区集体＋渔户"三级主体协调统一的发展模式,在发展过程中遵循生态保护原则,坚持投资主体多元化和项目管理自主化,发挥政府主导作用的同时调动群众的积极性。政府发挥主导作用,在制定长远发展规划以及投资基础设施和休闲渔业建设项目等方面加大力度,通过引导调动渔区渔民的积极性,让社区居委会直接参与到休闲渔业文化村的建设与休闲渔业项目的整体运营中。政府和渔民共同来开发休闲渔业项目,让其自愿地为休闲渔业的发展作贡献。这种政府主导渔民参与的开发模式既发展了广鹿岛的集体经济,增加了渔民收入,又可以增强社区的凝聚力,从而促进了长海县休闲渔业民俗村的整体提高。

长久以来,广鹿岛休闲渔业的发展始终把保护生态作为前提条件,在生态保护理念下进行合理开发,自始至终贯彻生态保护的理念,从规划到开发管理的各个环节无一例外,遵循因地制宜原则,始终把生态旅游可持续发展作为规划和管理的前提。除此之外,广鹿岛休闲渔业开发实行监督和配套建设相结合,运用景观生态学的发展理念对当地基础设施进行配套建设和规划,不仅满足了旅游者的需求,也符合当地发展的内在要求。在市场营销方面,广鹿岛休闲渔业开发以海岛生态旅游开发为特点,以多领域和多方位营销推广为着眼,建立良好的生态产品形象,达到促销的好效果。

(三) 广鹿岛休闲渔业开发经验及启示

1. 广鹿岛休闲渔业开发经验

(1) 因地制宜的发展模式。休闲体验最根本的开发原则是原生态。就广鹿岛目前的发展模式来看,主要有海岛垂钓休闲型、旅游观光型、渔家体验型、海岛避暑型和购物休闲型等。这些发展模式在政府主导的前提下,通过因地制宜的规划,得到了很好的开发和发展。

(2) 地方政府的高度重视。商业渔业的不断发展带来的成本逐年提高,因而经济效益不断走下坡路。尝试发展休闲渔业以后,经济效益、社会效益、生态效益都得到了显著提高。政府相关部门也加大了对休闲渔业以及生态学的研究力度。

(3) 科学的管理体制。广鹿岛休闲渔业的发展得益于当地有效的行政管理和行业管理,其两者互为补充,相辅相成,充分体现了管理体制的科学性。这其中行政管理分两类:一是长海县政府的管理,二是广鹿岛地方政府的管理。为促进休闲渔业发展,长海县组织编制了《长山群岛旅游度假区总体规划》,对长山群岛旅游度假区建设的功能定位、发展目标、开发模式、功能布局等予以明确;同时,县海洋与渔业局、县安监局、县旅游局结合海岛旅游特点,联合制定出台了《长海县休闲渔业船舶安全管理办法》,对休闲渔船的船舶尺寸、船体质量、抗风等级、设施配备、乘员数量、驾驶人员资质、经营单位条件等各相关方面进行了具体的规定和细化,为规范休闲渔船管理提供了指导性依据。

2. 广鹿岛休闲渔业发展启示

政府主导模式在广鹿岛休闲渔业发展初期的作用是积极的,但是随着环境的改变以及休闲渔业自身的发展,也容易出现一些问题。一方面容易出现政府过多行政干预的现象,抑制社区以及渔民主动性和积极性的发挥;另一方面,政府直接主导休闲渔业项目的建设易产生腐败行为。所以,随着广鹿岛休闲渔业基础设施的完善以及产业化的升级,单一的发展模式要创新。

时至今日休闲渔业合作社的成立对广鹿岛休闲渔业的发展意义是积极的,渔民通过合作社入股公司,增强话语权的同时也降低了政府的过分控制,从而提高渔民经营的自由度,实现公司与渔户的双赢。

在经营管理理念上,广鹿岛积极利用外部的有效经验和优秀专业人才聘用机制,在招商引资上以大公司为主流,通过"居民委员会＋合作社＋专业公司"三方合力,来做大做强广鹿岛休闲渔业。

民俗村的建设是海洋休闲渔业新的发展途径,相关产业的结构调整与升级对构建"北方渔文化民俗村"的意义是直观的。借鉴国内外丰富的休闲渔业发展经验,不断挖掘广鹿岛休闲渔业民俗村的传统民俗文化,打造一个"北方渔文化民俗村"意义重大。广鹿岛是一个历史悠久的传统海岛,相关渔文化丰富多彩,在发展动态文化的同时建立渔村文化展示馆,从而做到动静结合,通过渔船渔具展览、渔村模型展览、历史展览等,以及将风俗民情以图画、表演或是电影的方式在展示馆内展出,让游客在体验文化的同时增加乐趣,突出记忆。

动态的渔文化体验相比静态渔文化要丰富得多。渔文化体验可以让游客与渔民一起坐渔船出海打鱼,当一次真正的渔民,感受劳作带来的乐趣,亲身体验广鹿岛特有的渔民风情。此外通过人工鱼礁的部分海域返租,让高端度假消费者享受全方位的休闲时光。在其自己所租赁的海域内,度假者既可乘坐游艇垂钓,进行海上观光;也可潜水探险,海底观光。这样不但充分利用了海洋的立体空间,而且变相地为休闲渔业的发展提供了二次收益。这种休闲方式不仅能够更大程度上满足游客需求，带动经济增长，而且可以达到可持续发展休闲渔业的目的，保护生态环境。

与周边旅游项目相结合，带动海洋休闲渔业发展，在基础设施建设和产业升级的过程中要抓住休闲渔业的根本，不断提高示范点形象，争创全国休闲农业（渔业）示范点。

广鹿岛休闲渔业民俗村要配合长海县休闲渔业和滨海旅游业布局，循序渐进地进行产业化发展，为大连市滨海蓝色经济区的建设添砖加瓦。大连市将通过多方式多措施推动休闲渔业发展，长海县在建设过程中要防止唱"独角戏"的开发理念，必须强调与周边其他旅游项目相互结合、相互促进，与财神岛等优质岛屿休闲渔业资源整合开发的同时要注意结合自身特色，发挥自身优势，避免休闲渔业产品的同质性，共同吸引游客从而把市场做大。

三、大连休闲渔业开发模式及运行机制

随着休闲时代的到来，休闲渔业逐渐成为海洋渔业发展的新路径，其发展水平已成为衡量一个国家和地区渔业经济发展水平的重要标志。为了实现渔业经济的可持续发展，必须进行渔业和渔区经济结构的战略性调整。而休闲渔业产业结构的调整是该项战略调整的基础，是提高渔业经济效益，促进渔业优质、高效、持续发展的重要环节。

(一) 大连休闲渔业市场分析

1. 大连休闲渔业开发市场需求定位

休闲渔业市场主要是指休闲渔业产品现实和潜在的购买者或消费者。休闲渔业活动之所以广受市场欢迎重点在于其突出的体验性、休憩性等特点。作为渔业和休闲产业尤其是旅游业的交叉，休闲渔业为都市居民带来的服务是有目共睹的。此外,对旅游城市而言,如何让外地游客参与到休闲渔业活动中去是未来市场开发的重中之重。

但从实际情况来看,随着休闲渔业产品的开发以及交通的不断完善、当地人们生活水平的提高,日常生活中融入休闲渔业因素的现象将更普遍。纵观休闲渔业发展的这些年,其客源市场可逐渐分为邻近都市的市民、外来游客、本地居民三大类。在市场竞争日趋激烈的情况下,休闲渔业经营必须针对不同市场的需求提供有针对性的产品和服务。

(1) 都市市民。都市的市民是休闲渔业的主要客源市场。都市市民利用双休日或者短暂的休假时间,以家庭为单位,参与到休闲渔业的体验活动中去,达到放松身心的功能和疗效,对于都市居民而言短距离的休闲旅游他们关注的是身心的放松,并不在乎重游旅游景点及地区的知名度与等级。都市居民的休闲时间多半在周末及节假日,休闲渔业的项目开发几乎符合市民旅游休憩的需求,在时间上休闲渔业四季皆宜,受季节影响而产生的波动并不明显,因此休闲渔业为大众服务的功能是比较强大的。但是都市居民的最大特点就在于分散的小团体无法进行有效的组织,市民选择出游的形式多半以个人、家庭或亲朋好友之间的集体出游为主。

(2) 外来游客。外来游客既包括国内游客也包括国际游客。对国际游客来说,亲身体验异国的社会制度、民族文化和人们的现实生活,是激起他们参与休闲渔业浓厚兴趣的主要原因。对国内游客来说,由于我国幅员辽阔,各地生活习俗差异较大,跨省、市体验休闲渔业的魅力尤其对渔业不熟悉地区的人们来说也是种难得的经历。

(3) 本地居民。本地居民更多地将他们的生活与休闲渔业融为一体。休闲渔业的开发离不开得天独厚的自然条件,包括自然环境与人为创造等。在空气清新的自然环境中,快乐地享受休闲带来的乐趣,这就直接体现了休闲渔业活动的普遍参与性与大众性等特点。另外,本地居民因休闲渔业开发,其收入、生活水平以及思想观念都有不同程度的提高。

2. 大连休闲渔业产品开发类型

在产品类型和表现形式上,传统渔业作为一种物质生产部门形式比较单一,主要表现在一些水产品的捕捞、养殖和加工上。休闲渔业的不同之处在于不管从产品类型上还是表现形式上都显得更丰富和多样。从内涵上来说,休闲渔业的多样性也集中体现了其开发的价值和潜力。把握休闲渔业的内涵和多样性的特点,对开发休闲渔业有着积极的意义,更对休闲渔业产业化发展模式的创建有着指导作用。总结起来,目前休闲渔业的产品开发可分为以下几种类型:

(1)娱乐竞技型。自古以来,生活在渔区的人们在长期的生产生活过程中,在业余时间通过借助自然的水域条件和生活习惯逐渐形成了许许多多的休闲娱乐竞技活动,典型的如游钓、海上竞技活动等,宽泛一些甚至游泳、潜水等也可纳入此类范畴。游钓在国内外的发展中有着悠久的历史,它不但融合了健身与竞技等多方面的因素,更是一种陶冶情操、放松身心的体育活动。这些年来,随着人们生活水平的提高,游钓的人群呈现出连年上升的势头,并成为国内外休闲渔业的主要形式。海上竞技活动内容广泛,中国自古以来就有龙舟大赛和帆船竞赛,划艇等高端项目更是现代休闲渔业开发中的理想方式。这些活动在开发与运作的同时不仅向大家展示了海洋文化的丰富性,更使参与者和观看者在休闲娱乐的同时,了解到更多的传统渔业知识和当代国际文化。垂钓项目仍然是休闲渔业的主体,但目前钓鱼产业在我国的发展仍然处在一个不完善的阶段,多年来大家一直对池钓情有独钟而对于海钓的消费意识显得不够。总的来说,钓鱼产业的发展应当在原有的基础之上积极努力探寻其发展的新思路。我国钓鱼业的发展方向是要与国际接轨,适应游钓需求,走向自然,向着海钓、江钓、溪钓的方向迈进。单纯垂钓,市场规模和效益毕竟有限,因此,休闲渔业的开发在以市场需求为主导的前提下,通过不断地开发建设,在吸取经验的同时,从内容上以及开发的形式上都得以丰富和延伸。

(2)旅游观光型。观光旅游渔业相对于休闲渔业来说,其嫁接在休闲渔业的基础之上,并且依托休闲渔业,通过资源的优化配置,实现了第一、二产业向第三产业转移的目的,从而实现了这种新型休闲渔业开发模式的经济效益与社会效益。它是渔业发展到一定程度的必然产物,是渔业产业结构调整的重要内容,同时也是引导渔民致富的重要途径。

(3)展示观赏型。海洋的魅力在于丰富的水生物种群中各种鱼类、龟类、海草等都各具观赏性,其优美的姿态和外观总是令人叹为观止。自休闲渔业发展以来,观赏鱼一直扮演着重要的角色,目前国内观赏鱼的品种主要包括金鱼、锦鲤、热带鱼等。通过观赏鱼的喂养,人们可以达到陶冶性情、美化生活、提高修养与品位的目的,同时也美化了生活。除此之外,一些沿海地区城市积极开发了诸如水族馆、渔业展示博物馆、海底世界等观赏性极强的休闲渔业展示项目。在科普的同时,也让大众深切感受到休闲渔业带给人们休闲之上的趣味和魅力,在近距离欣赏它们美丽的同时感受它们的独特魅力。

(二) 大连休闲渔业开发模式

1. 个体经营模式

在休闲渔业的发展初期,渔户根据当地的自然风光,以各自为单位,单独进行滨海休闲渔业的经营活动。由于其涉及的旅游相关环节较少,休闲渔业也仅仅限于利用当地的自然风光,如海滩、滩涂或海域特色风光来吸引游客。在个体经营模式中,人为开发因素较少。这一阶段渔民各自为政,由于在基础设施的建设上投入资金的有限以及管理水平的不足,很难进行开发的探索,而且经营的产品项目雷同、相互压价,也产生一些恶性竞争的行为。在休闲渔业运作的初期,由于缺乏对当地旅游资源的整合与规划,重复建设、浪费资源的现象相当严重。长久以来,沿海滩涂的自然风光遭到严重破坏,休闲渔业的发展由最初的新路径变得举步维艰。另外,个体经营模式由于受到小农思想以及急功近利的约束,在服务质量和经营理念上达不到客源市场要求,所以在相对程度上影响客人对旅游服务的满意度,也阻碍了休闲渔业的发展。总的来说,该模式只是渔村在发展休闲渔业的起步阶段所采用的一种模式,该模式运作简单,渔户投资少,收益也相对较少,是一种较为初级的发展模式,不利于当地资源的有效利用和开发。

2. "渔户+渔户"模式

在个体经营模式的基础之上,"渔户+渔户"之间的结合在运作上更容易互为补充。在个体经营模式发展不利的情况下,互助合作是渔民寻求发展的必然途径。渔户们利用各自的资源优势,如房产、资金、渔船等联合起来,在形成集体的同时,各自分工,一部分渔户利用自己的渔船组织游客出海打鱼,另一部分渔户则专心为游客提供食宿和组织游客参与渔村丰富多彩的娱乐文化活动,这样一来通过各自分工,在为游客提供一条龙服务的同时,也拓宽了服务项目内容,从而提高了联合体在休闲渔业发展中的竞争力。另外,"渔户+渔户"的结合相比个体经营模式在资金上雄厚了许多,也可以通过互相的交流,在新项目的开发上敢于大胆尝试,在服务质量上互助合作,各自发挥特长,既解放了生产力,又进一步提高了服务质量。但是,此种模式只是一种松散的联合,彼此间的约束机制和协调机制相对欠缺,当联合体发展到一定阶段后,管理和服务水平就会显得滞后,影响联合体的进一步发展。

3."公司＋渔户"模式

"公司＋渔户"模式是目前辽宁省滨海休闲渔业发展过程中的一种主要模式。该模式的主要特点是解决了渔户分散经营的弱点,不但从资金上解决了渔户发展休闲渔业过程中遇到的瓶颈问题,而且为当地提供了大量的就业机会,属于市场化运作的模式之一。这种模式以政府为主导,通过招商引资,以本地的地域特点和资源为依托,吸引本地或外地知名的企业前来考察、投资。政府在主导的同时积极主抓规划和管理,投资公司负责资金的运作与项目开发建设,分散的渔户在得到土地补偿的同时,也参与项目的开发与建设。通过渔村宾馆、度假区、海上娱乐观光项目的建设,渔户不但可以从中获得劳动报酬,而且在经营的过程中也可以提供一些简单的服务获得收益。这种模式不但解决了项目开发在资金上的难题,更重要的是在合理规划的基础上让各方的效益达到最大化。公司作为法人,主导着项目的运营与发展,并且通过不断的资金支持为渔村的开发与建设提供前提和保证。

此种模式虽然在经济效益上达到了最大化,但是毕竟在渔村资源所有权与经营管理权上是相互独立的。政府主导的同时,与外来投资公司签订技术协议,投资公司在发展的过程中势必会根据市场的变化来主导项目的建设与运作,这样一来就造成新建的宾馆、餐饮项目与渔户原来的原生态结构相互不协调,进而造成不良竞争的局面。而在收益方面渔户的效益要远远小于公司,容易导致当地居民与开发公司的矛盾。

以广鹿岛为例,广鹿岛的开发吸引了众多海内外的游客,也解决了部分渔户的就业问题,但是此举并不能使当地大多数渔户受益,原因在于,当地在投资公司开发建设之前已经形成了一些简单的休闲接待设施,投资公司在兴建度假村之后没能很好地整合原有的休闲渔业资源,造成了新建度假区与渔户的原有接待设施竞争的不良态势。

4. 政府主导模式

顾名思义,这种开发模式是在政府的指导下,通过各种优惠的政策扶持,给予乡村旅游在开发上的引导和支持。政府在主抓规划、经营管理的同时,也深入市场调查,并积极推销自己的休闲渔业项目。由于这种开发模式具有较强的针对性和可操作性,所以在开发初期从效果上来说还是比较明显的,也很好地适应了当地休闲渔业的发展。大连广鹿岛休闲渔业民俗村在发展休闲渔业时,一直秉持"政府搭台,群众唱戏"的开发思路与管理原则,在强调政府主导的同时也做到了极大程度上调动群众的积极性,并不断加大投资主体建设,完善项目管理。该项目最大的特点是政府主导休闲渔业项目的规划、开发、建设与管理,社区集体参与进来,包括投资娱乐项目的建设以及为休闲渔业的发展搭建平台,同时社区也负责项目的整体运营。

政府主导模式在地区休闲渔业发展初期的作用是积极的,但是随着地区休闲渔业的发展,政府容易出现过多的行政干预,地方的主动性和积极性得不到充分的发挥,政府的职能应向为社区提供服务的角度转变。另一方面,由于政府直接主导当地休闲渔业设施建设,也容易滋生一些政府腐败行为。此种模式中由社区负责休闲渔业项目的运营,而社区对渔户的约束能力较弱,难以有效统一组织经营。因此此种模式适合在相对较为接近城市或渔民素质相对较高的地区实行。

大连休闲渔业开发应建立"政府+企业+高校+社会+金融部门"的合作开发模式,采用政府引导、企业自主运营、高校科研院所技术扶持、社会广发参与、金融部门积极扶持的市场化运作模式。在开发的过程中应该遵循因地制宜、突出特色、可持续发展的原则。大连休闲渔业的自主经营虽然也有相互协作的成分,但不论从形式上还是从规模上都谈不上合作。随着市场竞争的激烈化以及暴露出的许许多多的问题,将小生产与大市场有机结合起来,以适应发展的要求就显得至关重要了。"以企业为龙头、公司＋农户"的产业化经营模式应运而生。联合与协作能够有效地加强行业自律、促进生产、防范和抵御市场风险。实践证明,这种产业化的经营模式不但发挥了集体优势,形成规模效应,也取得了良好的效益。

这种创新的管理模式,可以将经济发展与产业结构相协调,充分统筹考虑本地区的环境、民生、社会和文化等各方面的平衡与协调。按照总体规划和专项规划的统筹协调,可以将资源开发与生态保护相结合,充分合理地利用海域资源,使得海岛和海域的生态保护与环境建设得到更多的重视,把良好的生态作为永久的财富,合理进行开发,实现永续利用;可以把以人为本的思想贯彻到发展当中,再配合协调发展,把握好发展和环境之间的关系,从发展维护海岛居民的根本利益出发,努力把人和自然和谐的模式作为构建新型海岛休闲渔业旅游区的目标;可以将因地制宜与特色开发相结合,根据资源与生态环境的特点,进行科学定位和合理布局;可以创新海岛生态旅游监督管理体系,建立国家、政府主管部门、旅游公司、社会团体共同监督的海岛休闲渔业旅游监督管理体系,明确各部门的管理权限,理顺各主体之间权责关系,提高海岛休闲渔业整体管理水平。

(三) 大连休闲渔业运行机制

1. 休闲渔业的市场经营主体

休闲渔业在开发的过程中其主体受客体影响。客体主要包括休闲渔业产品和服务的特点及性质,在娱乐、休闲、餐饮等方面都与渔业的发展联系紧密。休闲渔业产品的多样性决定了其在经营和发展过程中呈现多元化的一面。休闲渔业的市场经营主体、在经营发展上可以大致分三类:渔民及其投资参与者、海内外各个投资公司、旅游公司及企业,如垂钓园、水族馆、海岛渔村、以渔为主打的餐馆、休闲渔业纪念品及销售商等。现仅就渔民及其合作组织予以论述。

（1）渔民。渔民，又名渔夫，是以捕鱼为职业和收入来源的人，通常归入农民的行列。在从事捕捞及养殖的过程中，渔民收入的分配是在渔获物被国家收购后以货币的形式发放的，类似于城镇职工的工资。渔民通过长期的捕捞与养殖，除了掌握基本的渔业生产技术以及驾驶渔船的本领之外，基本无别的生存技能。所以说，休闲渔业发展至今，不管从形势所迫还是渔民转产来说，渔民始终都是受益者，并且在以后的生产及经营过程中，作为主要经营者和从业者，在享受国家和政府补助的同时，跟以往的传统商业渔业相比，创造的价值将会更大。当然，在现代休闲渔业中，渔民角色的重大转变，意味着渔民从单一生产者已经转变为生产、服务和销售三者合一。

（2）渔民合作组织。合作就是个人与个人、群体与群体之间为达到共同目的，彼此相互配合的一种联合行动方式。按照合作的性质，可分为同质合作与非同质合作。同质合作，即合作者无差别地从事同一活动，如无分工地从事某种劳动。非同质合作，即为达到同一目标，合作者有所分工，如按工艺流程分别完成不同的工序的生产。按照有无契约合同的标准，合作可分为非正式合作与正式合作。非正式合作发生在初级群体或社区之中，是人类最古老、最自然和最普遍的合作形式。这种合作无契约上规定的义务，也很少受规范、传统与行政命令的限制。正式合作是指具有契约性质的合作，这种合作形式明文规定了合作者享有的权利和义务，通过一定法律程序，并受到有关机关的保护。按照合作的参加者，可分为个人间的合作和群体间的合作等等。就合作本质而言，双方具有平等的法律地位，在自愿、互利的基础上实行不同程度的联合。渔民合作组织是建立在以市场为导向的基础之上的，为了推进渔业产业化进程，使生产与市场相协调，达到组织化、标准化、规模化的目的，在遵循政府引导、渔民自愿、市场运作、多元发展、逐步规范原则的同时,逐步成为渔民与政府、市场之间连接的重要桥梁与纽带。渔民合作组织可以在水产品质量管理、生产秩序规范、标准化推广、推动渔业健康发展等方面发挥重要作用。

2. 休闲渔业的市场经营模式

所谓经营模式是企业根据企业的经营宗旨,为实现企业所确认的价值定位所采取某一类方式方法的总称,其中包括企业为实现价值定位所规定的业务范围、企业在产业链的位置以及在这样的定位下实现价值的方式和方法。由此看出,经营模式是企业对市场做出反应的一种范式,这种范式在特定的环境下是有效的。

与其他发达国家相比,我国休闲渔业的发展虽然起步较晚,发展速度较慢,但主要的经营模式大致是相同的,其发展阶段主要分为以下几个阶段。

(1)渔民自主经营阶段。"渔家乐"一直以来都是渔民自主经营的主要形式,渔民之间通过相互帮助,互为弥补,共同来发展休闲渔业,但这仅限于休闲渔业发展的初期,由于其分散经营、效率低下,渔民的素质普遍不高,基础设施也相对较差,加之重复建设与恶性竞争的现象严重,所以休闲渔业的发展很难能把握市场,更难以形成整体优势,实现产业化的高效率发展。

(2)初期合作阶段。渔民自主经营虽然也有相互协作的成分,但不论从形式上还是规模上都谈不上合作,随着市场竞争的激烈化以及暴露出的许许多多对的问题,将小生产与大市场有机结合起来,以适应发展的要求就显得至关重要了。"以企业为龙头、公司+农户"的产业化经营模式应运而生。联合与协作能够有效地加强行业自律、促进生产、防范和抵御市场风险。

3. 休闲渔业开发利益相关者分析

(1)休闲渔业开发中涉及的不同利益主体。改革的不断深入必然带来社会各领域、各行业之间利益主体多元化、利益差别多样化的特征越来越明显,休闲渔业开发也是如此。休闲渔业在开发过程中涉及诸多的利益群体,对于开发与管理所起到的作用更是不尽相同。

在休闲渔业的发展过程中,根据不同利益相关者的影响程度,可以把利益相关者分为核心利益相关者和战略层利益相关者两大类,核心利益相关者顾名思义是指那些对休闲渔业发展起着举足轻重作用的组织或个人,不论是在休闲渔业发展的初期,还是在后来逐渐趋于规模化时期,核心利益相关者所起到的作用是无可代替的。正是因为核心利益相关者在发展中所起到的作用和体现的价值,才使得休闲渔业的发展得以实现。然而,考虑到休闲渔业发展的深远影响,战略层利益相关者是不可忽视的,客观上其影响着休闲渔业的发展。核心利益相关者从组织结构上,分为渔民(个体户、管理参与者等)、游客、休闲渔业的管理机构和投资公司,其他利益相关者,如政府部门以及办事机构、社会大众、科研机构、非政府组织(环保组织、各类中介、媒体等)等是战略层利益相关者。

(2)休闲渔业开发中利益相关主体的协调措施。地方政府是制定休闲渔业发展规划的主导者,渔民对休闲渔业的发展由于缺乏前瞻性的认识,在开发过程中存在盲目性,所以如何运用好的发展规划引导渔民走集约化、规模化联合经营之路是休闲渔业发展的重中之重。当然好的发展规划的实施离不开专项扶持资金的支持,对于好的休闲渔业项目以及极具发展潜力的休闲渔业产品应当给予足够的重视政策支持。市场导向决定了休闲渔业的发展方向,休闲渔业的发展应当遵循"政府＋公司＋渔户"的产业化发展模式。在整体上突出休闲渔业开发中投资公司的主体地位,不断地提高渔民的积极性,可以通过举办丰富多彩的民俗文化节活动,扩大休闲渔业的影响力。让渔民在逐渐的开发过程中积极参与到休闲渔业的规划、开发、实施中去,以此提高全民的渔业意识,提高居民保护环境的责任感,让休闲渔业在促进就业、增加收入、环境保护中的作用发挥到极致。

休闲渔业开发过程中的利益相关主体的考虑应当注重长期发展的角度,不但要做到生态效益与经济效益,更重要的是要追求社会效益。在经营模式上,应该突破单一的经营;在休闲渔业基地的建设上,重视体验感;在开发的同时,要把休闲、娱乐、餐饮以及科普等方面紧密结合渔业经济发展。在休闲渔业的产品开发项目上,除了传统形式的娱乐竞技游,还应该在注重体验的同时,加大观赏鱼项目的开发,让旅游经济的发展走出一条多样化、特色化、个性化的多形式之路,以便满足不同消费层次的需求。另外,休闲渔业的开发离不开强有力的资金支持,休闲渔业的发展中要鼓励渔民积极投身渔区硬件的建设,在加大投入的过程中还要积极引进外资开发旅游景区和旅游商品。

管理机构应当加强休闲渔业从业人员的队伍建设,要做到认真执行相关政策法规,在程序的审批上、从业人员的持证上岗上加大管理力度,对从业企业和个人要加强管理,确保休闲渔业的发展在一个良性的环境中运行。与此同时,还要在产品标准的制定、渔业从业者素质的提高等方面加大投入力度,使休闲渔业逐渐步入正规化、规范化、法制化的轨道,始终切实保护好休闲渔业环境和资源。

科研机构应针对市场加大对渔业资源的研究力度,对休闲渔业的管理进行深入研究,确保休闲渔业的健康和可持续发展。要通过教育培训使渔民转变观念,促进角色转型,尤其要加强休闲渔业各方面关于专业知识的训练,海上生态保护、语言交流、垂钓导游等专项技能训练,加大专业人员的培训机制建设,让更多专业管理人员投入到休闲渔业的开发建设中去。同时也要要加大社会媒体的宣传力度,吸引社会和各届支持休闲渔业发展,利用品牌效应来推销休闲渔业项目,吸引消费者,不断扩大休闲渔业的影响面。

四、大连休闲渔业发展对策建议

(一) 优化区域空间资源配置

当前形势下,休闲渔业的发展有其主观性与客观性,主观上以特定的空间区域为物质载体,而客观上休闲渔业的发展还需要具备一定的物质、环境、人文等条件,以确保开发的可能性与可行性。不仅如此,从国内外休闲渔业的发展历程来看,在开发过程中还必须遵循一些基本的原则,以确保开发的科学性与合理性。

所谓区域空间指的是在特定的范围内所能感受到的环境。这种环境不仅受人类的活动影响,而且在生态系统中每个要素之间的关系也很紧密复杂,只有掌握其中最基本的组成部分,才能有效地调节区域发展,保持其健康发展的态势。

基于区域空间的资源配置,通过旅游业的发展,我们把在旅游行为过程中,作为旅游主体的人类在旅游客体的环境中相互作用而形成的状态称为旅游空间。现如今,大连市在休闲渔业的区域开发和规划过程中一个需要解决的重要问题是:如何根据休闲市场的需求因地制宜地做好休闲渔业基地建设,有计划地构建完美的旅游空间格局。笔者认为优化区域空间资源配置可以从以下两个方面着重考虑:

第一,休闲渔业的发展重在规划,在保留原生态的基础之上,将重点放在休闲渔业的合理化布局上,在考虑环境建设、生态建设、人文建设和渔区社会发展等因素的同时,以休闲体验为中心,游钓和渔家乐活动为出发点,然后进行休闲旅游基地的功能性建设,并且做适当的经济外延扩展。

第二，休闲渔业基地的开发建设离不开各方面的有效支持，在渔业发展的经济问题上，应当充分考虑当地居民的经济条件和意愿，在功能区域的划分上更是要将休闲渔业的区域空间与陆地空间相协调。在环境保护方面要遵循可持续发展的原则，不能一味地只求经济效益盲目扩展经济区域，要统筹做好休闲渔业基地的保护和开发建设工作。

总而言之，对休闲渔业开发过程中区域空间的优化，必须要考虑与当地人口、资源和环境等相关特点的适应性，使得生产空间、生活空间和生态空间与经济、社会和生态这三个效益相统一。在产业结构升级的同时进行空间布局的合理规划与调整改变，从而提高空间设置的集中度，通过布局的完善来适宜人们的生活，达到可持续发展的目的。

（二）促进产品开发与市场建设

大连作为全国著名的海滨城市，拥有雄厚的海洋水产业基础、优越的滨海旅游条件，"海"是大连的特色更是优势，因此大连休闲渔业的发展必须以"海"为主题，在休闲渔业项目的开发上可以融合旅游、休闲娱乐为一体，以实现渔业和休闲渔业的共同发展。具体做法如下：

（1）加快推进滨海岛屿的综合开发。近郊海岛的开发是大连市发展休闲渔业的基础和保障，更是突破点，以休闲为目的，以"渔"为媒介，让游客亲身体验"上岛旅游度假、下海休闲垂钓"带来的休闲乐趣。此外还要加快海岛垂钓平台等基础设施的建设，通过广泛开展钓鱼比赛、趣味海上烧烤等重在体验的比赛内容和形式多样的休闲娱乐活动，吸引更多的游客。将闲置的渔船以及废旧的船只加以适当改造以后，开展"海上旅游观光"和海上垂钓等重在体验的活动，以达到海岛休闲活动与出海钓鱼游相结合的好效果，打造集海上观光、生态保护与垂钓、餐饮、娱乐于一体的"特色海岛休闲娱乐基地"。

(2) 在国外,休闲渔业的发展和专用船只是密不可分的。在国内,虽然受条件和发展所限,但是可以利用大型渔船的改造来实现游览、观光、垂钓、餐饮等集多功能于一身的"海上休闲体验",重在体验的同时积极开展赏海潮、伴海涛、吃海鲜、乘游船观光、看海洋主题表演、玩海上娱乐游戏和海上拉歌系列活动,使游客真正体会到亲近大海的感受,逐步建成独具特色的现代化娱乐休闲功能、体现大连滨海旅游特色的大型综合性"海上乐园"。

(3) 建设渔家民俗文化村,开展以"渔"为主题的休闲垂钓、餐饮住宿和渔家文化等系列活动。海的体验内容丰富,当然缺不了饮食文化,渔村文化的主要特色要数渔家特色宴,渔村渔民在发展休闲渔业经济的同时始终要把纯正、地道的渔家饭作为游客的满意点,时时刻刻让游客体验到休闲活动中带来的海鲜美味与渔家特色美食。渔村民俗文化是渔村文化的基础,我们应该以海为基石,在靠海吃海的前提下,充分发挥海的功能。结合当地居民敬畏海神的民俗,适当地组织游客参与海的体验活动,观看拜海神等民俗表演,让游客很好地感受渔家文化的特色方面,使游客在感受海的淳朴的同时领略海洋文化的乐趣,感受海洋给我们带来的神秘。除此之外,也可以通过展示渔民的渔船与渔具,来进一步感受海洋的魅力。渔村文化展示馆在汇集了渔家文化的同时,更适时地为大家展示了渔村不一样的风情。在民间,海的传说是传统渔文化的一部分。在源远流长的海洋文化中,渔村与渔民始终是渔文化的中心,同时其底蕴也更为深厚。游客在参与实践体验中,通过撒网、拖网、笼捕、垂钓等方式可以亲身感受作为渔民的乐趣,也在亲身体验中得到了放松和愉快。让都市居民从平时繁杂的工作中解放出来,回归自然,领略都市之外的别样风光的同时,加速沿海渔村休闲渔业产业链的形成,实现渔民由"海上渔业"向"沿岸渔业"的转移。

（4）海洋文化观光产品，滨海区域是城市最有活力的地段之一，可依托港口优势，重点开发港口旅游。可在港口附近适宜处开辟大片公众性空间，修建游憩娱乐功能的模拟海港。同时，开发水边休闲活动，如模拟海员出海、海底探险等活动。

除此之外，加大宣传促销力度，贯彻名牌带动，以特色取胜的战略是势在必行的。多年以来，大连一直以浪漫的海滨城市而闻名于海内外，在休闲渔业的发展上可以利用自身的传统文化及区位优势，配之以海洋特色体验游，以此为契机和"商标"，通过宣传学上的"口碑效应"，给游客造成深刻印象。同时，为了吸引更多的游客，对于休闲渔业的开发必须在原有看海、吃海、玩海的基础之上进行进一步的深度开发，要做到使休闲渔业集观赏性、参与性、知识性、刺激性于一体，以吸引更多的游客。

（三）建立科学的产业扶持政策

休闲渔业作为第一产业与第三产业的有机结合，在为社会提供升级消费产品的同时，不仅增加了渔民收入，而且满足了人们尤其是城市居民对休闲体验以及游览放松的需求。休闲渔业作为一种新兴的产业在不断的发展过程中始终保持着生机和活力，已经成为我国休闲产业、旅游产业、渔业的一个新亮点。因此，国家有关部门对休闲渔业的发展也一直给予重视，通过政策上的支持为中国休闲渔业的发展营造了良好而宽松的环境。

2000 年我国农业部做出"关于调整渔业产业结构"的部署，要大力发展第三产业中的重要方面休闲渔业，鼓励有条件的企业和渔民在开发休闲渔业方面要进行大胆的尝试。2003 年 4 月，国家海洋局发布《全国海洋经济发展规划纲要》，提出要在发展渔业经济的同时做好发展休闲渔业经济的一切准备，着力建设一批高质量有深度的休闲渔业项目。根据《全国渔业发展第十二个五年计划（2011－2015 年）》（农渔发〔2011〕第 28 号〕〕,"十二五"期间,我国把渔业定位于城市及城郊地区,在发展方向上要以满足都市及城镇居民多样化的需求为导向,在休闲渔业的多功能性上要充分发挥自己的优势,积极拓展休闲渔业的生态与休闲功能,使该区域成为休闲渔业发展和水产品集散的中心。其发展导向为重点发展观赏、垂钓、旅游、餐饮等都市休闲渔业。当前的形势下我国各地区纷纷把休闲渔业作为重点产业来主抓,并且注重沿海及内陆地区的互助合作,也不断加大了对于休闲渔业项目上的政策支持和资金支持,通过协调发展逐渐形成了区域互动、优势互补的新格局。

总之,随着社会经济的发展,人们越来越注重休闲娱乐,传统渔业功能得到拓展,休闲渔业的发展不但有助于提高水产品附加值,而且能够引导消费,带动产业发展,同时促进环境保护和资源恢复,更给渔民带来了就业的希望,因而受到了广大渔民的欢迎和各级政府的支持,进而又进一步推动了休闲渔业的发展,在许多地方现代渔业和旅游业发展中已经占有举足轻重的地位。

(四) 健全产业发展服务保障体系

1. 建立科学的管理体系,制定切实可行的发展政策

首先,休闲渔业在开发的过程中必须要明确各方的职责,在科学有效的发展规划为前提的基础上,从立法部门到执法部门再到管理部门必须分工细致,狠抓落实。政府在制定渔业发展政策时,要积极把握本地区的实际情况,决不可盲目借鉴其他国家发展休闲渔业的成功经验,要在实地调研和论证上下足功夫。其次,在管理上要严格把控税收、征地、饮食卫生等重要环节,强化审批手续的办理和安全管理。除此之外,优惠的政策是鼓励休闲渔业发展的重要保证,包括土地、水域面积的审批,银行的贷款、优惠的税收政策。海洋捕捞渔船转为休闲渔业用船是休闲渔业开发的重点,政府鼓励有条件的渔民将海洋捕

捞渔船转向休闲渔业时，必须要辅助以优惠的政策，要考虑到休闲渔业发展的长期性和整体性，综合考虑实施政策所产生的生态、经济和社会效应，为休闲渔业的发展营造良好的环境。法制建设的完善是保护渔业资源、管理休闲渔业的重要手段。我国休闲渔业的发展更是离不开强有力的法律法规作为保证，根据市场经济的规律以及休闲渔业发展的实际情况，法律法规的建立健全工作已经迫在眉睫。

在做到有法可依的同时，必须要加大执法力度。首先，要加大法制法规的宣传力度，在强化全社会法制观念的同时，加强大众的环保意识。当然对于在执法过程中的违法行为，应当予以严惩，特别是对电鱼、毒鱼、炸鱼、污染水域等严重破坏资源环境的行为。在加大执法队伍建设的同时，更是要提高执法队伍的素质，改善执法手段和设备，提高执法的能力和水平，以确保各项政策法规的贯彻和落实。

2. 加强硬件配套设施的建设，做大做强休闲渔业产业

我国休闲渔业的开发与建设在布局上必须要紧密结合当地的旅游景点以及农业、渔业示范园的规划与建设，并加强第三产业的辅助效应。游钓是休闲渔业发展的开始，在休闲渔业发展的初期，游钓基地的建设遍布全国各大沿海城市以及风景旅游区，在东南沿海地区，游钓产业伴随着休闲经济的发展由最初的单一垂钓游逐渐演变为以游钓为基础多种休闲渔业方式共同发展的模式。与此同时，内陆地区也利用天然的水库、湖泊地区，开展垂钓、驾船、划艇、渔家乐等项目，丰富了休闲渔业的体验形式。

3. 加强对休闲渔业的科学研究

科学合理的休闲渔业政策制定得益于对休闲渔业研究的大量投入。政府通过不断地分析与规划，为休闲渔业的发展提供资金上支持。当前应加大观光渔业的研发投入，在休闲渔业旅游建设中可以依靠科技进行保护，如建立休闲渔业信息检测系统和环境监测站，通过

对旅游信息的掌握,可以及时控制游客的数量,从而缓解休闲旅游的压力;通过对环境检测的时候可以了解休闲渔业环境的状况,预防可以产生的环境问题并找到处理的方法。我们也可以使用一些环保技术,将太阳能、风能和潮汐能等运用到旅游开发当中,游览海滨风景,欣赏沿岸特色景观,实现现代渔业与休闲观光的有机结合,推动现代渔业与旅游经济的共赢与发展。

第四章　大连捕捞渔民转产转业

改革开放以来,我国海洋渔业发展模式主要以传统捕捞业为主,海洋捕捞渔获产量占全国水产品总量的70％以上,是我国渔业产品的重要来源。随着我国近海捕捞的持续快速发展,强大的海洋捕捞能力与有限的作业渔场及脆弱的渔业资源基础之间的矛盾日趋激烈,海洋渔业资源严重衰退。"十三五"期间,中央财政计划安排75亿元专项资金用于渔民减船转产的补贴,重点压减老旧、木质渔船,资源破坏性大的作业类渔船;扶持退捕上岸的渔民参加社会保险,引导发展水产养殖、水产品加工、休闲渔业等。

一、大连捕捞渔民转产转业现状分析

(一) 大连捕捞渔民转产转业现状

海洋捕捞业一直是大连渔业经济的支柱产业,20世纪90年代以来是其历史发展最快时期,产量由1990年的26.2万吨上升到1998年的88.6万吨,平均年递增率16.5％,超过全国平均增长幅度。海洋捕捞业占全市水产品总量的比例也由80年代末期的35％回升到48％。同时,捕捞能力也有较大增强,到1998年末,全市拥有海洋捕捞机动渔船1.32万艘,总功率近30万千瓦。然而,伴随海洋捕捞业的快速发展,内部深层次的矛盾日渐突出,主要表现在捕捞强度持续增加与渔业资源不断衰退矛盾的加剧。受东海、黄海200海里专属经济区划线和国内外水产品市场疲软等一些外部环境因素的影响,这些矛盾进一步激化。

自《中日渔业协定》《中韩渔业协定》生效后,海洋捕捞业面临着严峻挑战。据统计大连由此失去 50％以上的传统作业渔场,约有 2 300 艘渔船从日、韩方专属经济区海域撤出,全市每年海洋捕捞产量约减少 1.0×10^5 吨,损失产值 6 亿元。约有 2.5 万渔民面临重新择业的考验,近 10 万渔业人口的生产和生活将受到影响。由于分配至大连每年准入日韩专属经济区从事有限生产的渔船不足 400 艘,迫使余下近 2 000 艘渔船只能回撤到我国沿海作业,使得已经十分拥挤的近海渔场不堪重负,渔获物质量越来越差。加之油价上扬,捕捞成本不断上升,水产品价格持续低迷等原因,每年春汛大部分近海捕捞渔船停船待港时间一半以上。另有一部分渔民受传统作业习惯的影响,观念滞后,对协定的规定要求不能很快适应,在经济利益驱动下,越界捕鱼、违规作业不断,涉外纠纷事件频发。

近年来,由于渔船过多、捕捞过度以及捕捞成本不断上升等因素影响,大连传统捕捞业日趋萎缩。据统计,2012 年非故障原因而未出海的渔船,约占港内渔船总数的 30％以上。1995 年至 2000 年,大连渔船数量激增,从 1995 年的 200 余艘钢质渔船、7 000 多艘木质渔船发展到 2000 年的 1 700 多艘钢质渔船、30 000 多艘木质渔船。由于捕捞竞争激烈,近海渔业资源迅速枯竭,捕捞收入日趋减少。与此同时,渔船燃油成本快速上升,较 2005 年已上涨超过 3 倍,从事渔业生产人员数越来越少,用工荒问题凸显。再加上海产品养殖业近年来的快速发展,加剧恶化了传统捕捞业的生存环境,导致传统捕捞业迅速萎缩。以大连庄河地区为例,2007 年至 2009 年间平均每年申请转产报废的渔船高达 300 多艘。随着渔业资源的减少和燃油、人工成本的不断上升,大连传统捕捞业困境将日趋加重,亟需转型升级。

(二) 大连捕捞渔民转产转业存在的问题

1. 就业培训相对不足

沿海渔民文化程度普遍较低,在调查中了解到,大连沿海渔民的教育程度以小学文化为主,比例高达 50%～60%,高中文化程度者寥寥无几。这些群体大多为海岛和沿海时代渔民,其特点是生存技能单一,新技术接受能力低,且年龄普遍较大,虽然有熟练的海上生产技能,但是对新的谋生技能的接受能力有很大的局限性。再者是渔民老龄化问题不但影响其转产转业的进度,在一定程度上也影响了渔业发展结构调整。这些问题的存在,导致渔民就业无优势、转产无资金支持、进厂无特殊技能,部分渔民极易演变成新的弱势群体。

针对渔民转产会变成较弱的就业群体的问题,各相关部门开设了专门培训。比如大连海洋大学开设的农民水产养殖培训班,采取减免学费和住宿费的形式来帮助转产渔民,在一定程度上为转产渔民提供了希望。但是面对数万转产渔民在等待培训的情况,仅仅依靠一个学校的力量是不能满足需求的。在大连市海洋与渔业局的领导下,各区市县开展相关技能培训、如渔船船员技能培训,养殖培训等,但很多培训未充分考虑渔民知识结构和资金力量,没有进行针对性培训,往往造成培训结束后,渔民仍不知所往的局面。

2. 渔民思想观念难以转变

沿海渔民和海岛渔民的思想相对比较单一和保守,在世代求生活的海边,大部分人存在严重的懒散思想,宁愿守着一条船一辈子,也不愿意走出去。究其根源主要是内心对生活的担忧阻碍其迈出转产的步伐。调查中了解到大部分渔民在思想上也抵触高危的捕捞行业,也不愿意从事海上捕捞。但是相比退出捕捞行业后就业出路、生活压力,他们认为从事渔业老本行还是相对保险的。大部分人还是希望政府可以帮扶着指明转业后的出路。

3. 就业形势及安置政策压力大

我国劳动力就业进入高峰期,社会就业压力大已成为普遍问题。在转产安置方面,现在配套的政策和措施并未完善,渔民转产后户口安置、就业岗位增设、子女入学、社会保障等方面的政策均不能满足现有的需求。渔民对转产转业普遍持消极、等待、观望的态度,缺乏积极性、主动性。

4. 渔民就业技能单一

大部分渔民文化程度在初中以下,而且大多年龄偏大,大多只有海洋捕捞一技之长,受自身素质的限制很难掌握新的谋生技能。据浙江省三门县对所管辖的 11 个渔业公司调查获知,渔民高中学历仅占5%,初中占 26.8%,小学占 58%,小学以下占 11%;其年龄结构为 40周岁以上渔民占 60.8%,而文化水平较低又集中在这个年龄段,他们对接受新事物、适应新环境、树立新观念的意识都比较落后。同时渔船的专用性强又决定了船只只能从事渔业生产或海上运输,加上第二、第三产业发展和就业容量有限,渔民想要跳出渔业,寻找转业门路的空间相对狭窄,进入发挥渔民优势产业的难度较大。这样使得部分转产渔民又重返海洋捕捞业。

(三) 大连捕捞渔民转产转业问题成因分析

1. 政策作用负面效应

一是对转业渔民所留下的船舶补贴力度小,标准不一,难以吸引渔民上岸,并且其申报流程复杂,需要渔政局、船检局等几个部门联合调查、审批,手续冗杂,直接影响渔民转产的坚定性。另外,补贴款发放速度慢,一般都是一年以上才能拿到补贴款项。例如,100 吨位、185马力的木质渔船,造价在 60 万元左右,转产补贴为 3～5 万元,难以吸引渔民。

二是船检等监督力度低。在我国从农业部到地方船检和渔政局都出台相应制度,坚决取缔三无渔船。但据了解大连三无渔船还有相当多的数量,并且转产政策并未面向此类渔船。再加上监管力度低,在渔业船舶检验和换证方面未能有效地执行船舶检验制度,造成了老旧淘汰渔船持续捕捞现象的发生。渔业管理部门未能有效地控制渔船数量的增长和有序退出,同时还损害了证件齐全类渔船的利益。多数渔民对现有政策持观望态度。

2. 政策自身发展障碍

一是转产转业政策不配套。据了解部分渔民被迫进行转产和转业,一方面响应国家号召,另一方面是自身捕捞利润降低而不愿从事渔业这种高危行业。政府在出台转产政策同时,未妥善处理转产后续事宜,如转产渔民基本生活保障、再就业、岗前培训等政策。渔民有后顾之忧时就会影响其转产的积极性。

二是在产渔船补贴标准不健全。我国实行在产渔船补贴制度,凡是在进行生产的渔船,根据其功率大小和船舶种类进行补贴。此政策补贴力度较大,在前一时期甚至出现渔船在海上关闭动力机漂流以骗取国家补贴的现象。这一方面影响了渔业捕捞秩序,另一方面也让渔业生产面临很大的安全隐患。只有健全补贴制度,以市场为主导发展海洋捕捞,才能更有效地推行转产政策的落实。

3. 就业环境不利影响

2015年至今,我国经济增长速度变缓,全国就业压力较大,现今大学生在就业选择时也存在较大压力。而渔民作为技术熟练工种,就业面更窄;再加上其年龄因素,在市场上很难找到合适的工作。我国经济处在转型期,市场用工形式和需求都发生了较大变化,转业后的渔民很难适应。据调查大部分转产渔民都处在闲置状态,或者只能从事低端的体力劳动。渔民最对口的行业是远洋渔业,而远洋渔业企业在选取渔工的时候考虑的是低成本因素,相比于来自非洲国家的外籍船员而言,企业更加青睐非洲籍船员。

二、国内外捕捞渔民转产转业经验借鉴

(一)国外捕捞渔民转产转业经验借鉴

1. 日本经验借鉴

第二次世界大战之后的一段时期内,日本大力发展渔业,在这时期渔获物对解决其粮食问题起了至关重要的作用。同时由于大力发展渔业和政策导向,致使大量从业人员涌入,给其后续渔业发展埋下了隐患。当时日本国内渔业从业人员峰值时占全国的三分之一,呈现畸形发展状态。此后日本政府完成了战后稳定工作并迅速积累了资本,开始逐步进行渔业产业调整、渔船有序退出和从业人员转产转业安置,主要表现在以下方面:

(1)向城市转移剩余劳动力。早在 20 实际 80 年代,日本国内经济发展迅速,工业化进程逐步完成,城市规模逐步扩大,同时具备了安置农村人口向城市转移的基本条件。在进行渔民转产的过程中,政府和协会协调退出渔民培训相关课程,并以巡回办学的方式对渔民进行培训。在渔民具备相应的技术之后,自发的涌向城市。

(2)发展海水养殖业。日本渔业结构调整的过程比较迅速,政府投入相当大的资金和政策优势,并建立完善的监督管理机制,在安抚的同时强制性执行。经过这一时期后,日本近海渔业捕捞船型越来越大,同时渔业资源不断减少。日本政府为养护沿海渔业资源,决定大力发展海水养殖业,此举不但解决渔民就业劳动力过剩问题,在一定程度上也缓解了因渔船退出而造成的水产品水量较少的弊端。与此同时日本经济快速发展,工业化进程逐步完善,人民生活水平得到较大提升。人们对水产品的种类和品质要求日益增加。政府相关部门以此为契机，引导沿海渔民发展养殖业，此举为以后的日本资源养护和养殖产业发展奠定了基础。随着日本水产品消费的普及，工业化背景下仓储和运输技术的提升，陆地物流及配套设施的完善，为水产品产、供、销模式的形成起到了催化作用。与此同时政府加大宣传力度，并在养殖技术和资金方面给予帮助，很多渔民逐渐自觉进行了减产。

（3）发展水产品深层次加工。在传统海洋渔业生产过程中，渔获物进港后直接卖给鱼行，产业链条较短，并且效益较小。在考虑增加就业，安置剩余劳动力、提升产品价值方面，政府决定开展水产品生层次加工行业。此时日本工业化程度高，为此决策提供了保障，并且对安置剩余劳动力方面起到了积极作用。

（4）大力发展远洋渔业。日本在进行渔业结构调整的时候，凭借先进的工业化进程，开展远洋渔业。曾一举挺进世界远洋渔业四强之一。远洋渔业是近海渔业的延伸，大力发展远洋渔业有效的遏制近海资源环境破坏的行为，同时较少近海捕捞渔获量，并且积极抢夺世界渔业资源用以发展本国经济。至今为止，日本远洋渔业经历了发展到鼎盛然后到衰退的时期。近几年，日本远洋渔业捕捞业也正在进行有序退出，整个远洋渔业进程比我国快了一步。

（5）发展休闲渔业。在渔业转型时，小型渔船退出，日本政府并未对其进行拆解，而是利用现有的资源对其进行改造，同时开发渔村形成旅游观光产业，进行垂钓。至今为止日本休闲渔业的开发不但解决了渔民就业问题，同时也发展成为第三产业，同时拉动制造业的发展。

2. 韩国经验借鉴

自 20 世纪 80 年代韩国水产品捕捞量一直在 130 万～150 万吨浮动，而投入的捕捞渔船数量逐年增加，这在一定程度上反映了过度捕捞和渔船过多的本质。随着海洋法的实施，200 海里专属经济区制度

建立以及渔业协定的签署生效,迫使韩国沿海捕捞渔业进行转型。具体做法如下:

(1) 政策补助。韩国政府在渔业转型减船方面主要以政府为主导,全面推进政策落实。在韩日渔业协定生效之后,到 1999 年为止韩国政府共投入 3 713 亿韩元,在当年就减少 685 艘渔船,此后几年内由于政府财政压力,此政策暂停。到 2004 年,韩国政府又投资 9 130 亿韩元,减少 2 963 艘渔船。

(2) 政策宣传、全民参与。韩国由于地域面积小政策落实速度快,政府同时加强政策宣传,教育渔民,使政策目标和意义深入普通民众。在初期,渔民还抱有希望和期待能留守渔船以便继续作业。紧随着中韩、韩日渔业协定的签署生效,渔民也逐渐认识到捕捞渔业转型的必然性,再加上前期政府宣传力度大,民众意识得到充分转变。当时出现了渔民自主申请减少渔船的现象。此现象一方面反映了资源和环境对捕捞作业压力的后果,另一方面也反映了渔民对国家政策的支持和理解。

(3) 发展水产养殖业。韩国有狭长的半岛优势,利于其发展海水养殖业。韩国政府在充分认识到自身优势的同时,参照国外成功的经验进行养殖规划。表现在三个方面:一是由平面养殖转变为立体养殖,充分利用海水纵向结构,发展鱼、虾、贝类养殖;二是因地制宜,建立地域特色养殖,如在东海养殖鲍鱼和扇贝,在南海养殖紫菜和裙带菜等;三是整顿和取缔非法养殖,净化养殖环境,提高养殖技术,进行经济品种养殖。

(4) 快速发展远洋渔业。韩国为转移退出沿海捕捞的劳动力,并加快国内经济发展,紧跟日本和美国的步伐,加大远洋渔业发展步伐。韩国积极加入亚太地区养殖机构和北太平洋调查机构,大力开发新渔场,加大投资力度,扩大远洋渔业船队,成功地转移了国内剩余劳动力,并加快世界资源占有步伐,为国内经济发展提供助力。

（5）发展海洋旅游业。在政策压减渔船数量的同时，韩国决定发展海洋旅游业。同时推出 5 天工作时间制度。随着国民经济的发展，人们开始寻求精神消费和娱乐。此时韩国政府顺应形势大力发展海洋旅游业，在全国范围内规划特色渔村观光产业。由于是政府主导情况下的经济不平衡发展，其旅游建设步伐较快，在 2000 年时已完成海洋旅游的中长期计划。同时修订海洋水产发展法律，增设海洋观光旅游条款。自此韩国海洋旅游进入法制轨道，发展态势平稳，势头良好，为渔民转产转业提供了就业、安置和生存保障。

（二）国内捕捞渔民转产转业经验借鉴

1. 青岛经验借鉴

目前，青岛拥有各类渔业船舶 1 万余艘，30 余万马力，全市从事渔业生产的劳动力约 14 万余人。在我国沿海捕捞渔民转产转业政策带领下，青岛市出台一系列政策和措施，发挥青岛自身优势从以下方面作为工作重点。

（1）发展养殖业。依托青岛市内的黄海水产研究所和中国海洋大学的优势，充分利用海岸线长的优势，把政策重点放在海水养殖业上面。聘请水产专家对渔民进行培训，开发新型养殖基础设施，促进研制规模化发展。在实际中帮助渔民解决技术和资金方面的问题，鼓励其投身养殖事业中。

（2）建立大型水产交易市场。利用旅游城市优势，结合自身多港口、码头的优越地理位置优势。力争把水产市场建立完善，给渔民带来更多机会。

（3）发展其他产业。利用自身旅游城市的优势，大力发展休闲渔业，如渔村、海岛、休闲垂钓等项目。同时引导青壮年从业者跳出捕捞圈，开发大型涉海项目，推荐其到项目单位工作，彻底转出捕捞渔业行业。

（4）开拓海上运输业和加快劳务输出。发展远洋渔业，分流剩余劳动力，顺应国家发展大政策。

（5）加大宣传，加强领导。由于我国渔船报废拆解工程复杂，设计部门较多，出现问题也多。青岛市成立渔船报废和渔民转产转业小组，由分管市场任组长，加大领导力度，紧抓政策落实力度，加快实施步伐。同时加强政策宣讲和教育宣传活动。把海洋捕捞造成资源退化，渔船过多造成经济退化的后果和渔船压减政策实施意义详细地讲给渔民，增加渔民对政策理解程度，获得支持。同时落实补助和奖励政策，加快资金到账速度，引起渔民广泛响应。

（6）有针对性安排渔民转产转业项目。渔民转产转业安置工作是重中之重，直接关系到渔民的生活和切身利益。在渔船拆借报废后，渔民失去了赖以生存的工具，如何妥善安置是关键。根据我国现有情况，完全依赖政府扶持是不现实的。青岛市政府坚持以人为本，杜绝强迫、包办，从资金和项目支持方面入手：一是发展深水抗风浪网箱项目。利用国家专项资金，投入 120 万元，建设 100 个大型网箱。以政策扶持为主，廉价租赁给转产渔民。二是发展池塘养殖和工厂化养殖，政府投资近 200 万，对原有虾池进行改造，发展海参养殖，同时提供参苗、饵料、技术等支持，建立转产标杆工程。随着模范作用体现，现今共改造旧虾池近一万亩。

2. 舟山经验借鉴

众所周知，舟山渔场是我国著名渔场，渔场面积达 106 平方公里。其中有鱼类 360 多种。舟山市捕捞渔获产量占全国的十分之一。在渔民转产转业过程中，其面临最严重和最残酷的现实，但是他也是一成功的典范，在转产转业进程中共裁剪近 7 000 艘渔船和 3 万多名渔民，并成功安置渔民，实现渔民就业和创业最优化。其成功举措如下：

（1）政府主导，政策导向，宣传力度大、组织领导强。在 2002 年间舟山市决定成立专项工作组，由市长任组长，宣传部长主抓政策宣传，选取 20 名人员成立办公小组,对渔民转产转业进行集中处理,有效地精简了办事流程,提高了办事效率,提升了渔民转产转业的积极性。

(2)实行严格准入原则,加强监管力度严格控制渔船数量增加。坚持"先审批后建造,先检验后办证"原则,加大违法违纪出发力度,取缔三无渔船和检验不合格渔船,严肃渔业从业人员证件办理和考试程序,从源头控制从业人员数量。

(3)转产项目多。发展海水养殖业,舟山市岛礁多,可利用海域面积大,海洋生物饵料资源丰富,在政府的鼓励和支持下,渔民也愿意从事养殖业。政府为鼓励养殖业发展,在港湾出建设人工防波堤,用以减缓浪流,并规划海域进行深水大型网箱投放。据统计,全市海水养殖面积从 1999 年的 8.4 万亩增加至 2004 年的 15.7 万亩;海水养殖产量从 1999 年的 3.8 万吨增加到 2004 年的 12.67 万吨,分别增长了 87% 和 233%。

(4)发展远洋渔业。远洋渔业是舟山进行渔业结构调整的另一个项目突破口。为了发挥舟山渔业支柱产业优势,市政府在资金上和服务上对当地渔业龙头企业给予了支持。至 2005 年舟山全市远洋渔业产量占全国的五分之一。在其发展远洋渔业的同时,其更是加强对国外劳务的输出,用以安置人员。

(5)进行水产品加工扩大出口。一方面扶持市水产加工企业发展;另一方面加水产加工技术引进和创新,通过技术改造优化产品,让产品走出国门,不仅可以吸收专业渔民,还可以创汇。

(6)发展休闲渔业。舟山地处南方,气候温和,风景秀丽,旅游资源丰富,近年来舟山休闲渔业发展迅速,产业格局初步形成,如渔业观光、海上度假村等。

(7)就业和社会保障。舟山地区充分发挥涉海产业,大力发展渔业捕捞区二三产业,增加劳务输出,开展海上运输业,为渔民提供就业机会。在渔民安置过程中,舟山地区大胆结合我国城镇化建设策略,把渔民安置到周边城镇,以提供保障性住房的方式,加快渔民融入当地的速度。

(8)完善渔民培训机制,丰富渔民工作技能。为提高渔民再就业能力,增强竞争力,舟山政府联合浙江海洋学院和水产研究所,免费为渔民提供培训,尽一切可能为转产转业渔民再就业创造条件。

三、大连捕捞渔民转产转业对策建议

(一) 调整政策执行工具

1. 加强财政及金融保险政策调控

国家财政补贴本意是扶持渔业发展,尽快建立良性发展机制。在渔业产业结构调整的时期,以往的财政补贴政策需进行调整以保障渔民顺利转产、渔船有序退出捕捞序列,并且转移渔业生产补贴重点。财政政策应着力缩减近海渔业捕捞补贴力度,加大对远洋渔业补贴;鼓励渔民自助申请转产和渔船拆解,加大补贴力度,建立渔船报废、淘汰补偿金;建立扶持捕捞渔民转产转业的专项基金,对转产渔民给予专项扶持,加大信贷和社会保障政策支持;完善水产养殖渔业保险;加大对渔民技能培训补贴。金融保险政策主要为转产渔民提供社会保障和创业支持,主要包括信贷和保险支持。

2. 加强执法和监政策调控

加强监督管理政策调控,此类政策的颁布和实施关系到渔民转产转业是否能顺利进行,是规范渔业秩序、维持社会稳定、保障渔民转产专业的基础。监督管理政策调控可以从以下方面入手:实行破旧渔船强制拆解制度,在保障渔业生产安全的同时减少船只数量和马力数;改革渔业项目审批制度,加强项目可行性调查研究,建立全国性的渔业行业准入制度;改革渔业船舶减压制度,改变捕捞许可证制度,限定捕捞鱼种和捕捞产量,延长休渔期,扩大休渔区范围;缩短渔船拆解程序,设置转产办公室,进行专项整治加大执法力度,严格执法程序。另外通过提供就业优惠政策和资金支持引导渔民转出捕捞业。其中也包括各项政策支持,如行业准入制度、休渔期和休渔区制度等。

3. 加强配套政策调控

积极培育渔业社会组织,发挥社会团体的作用,如渔业协会和水产协会对渔民就业和创业引导、企业接受转业渔民等方面。推进渔村小城镇建设,加强水产品交易市场建设和水产加工产业建设,加强渔业技术研发和推广体系建设,加大劳务输出和职业资格证书培训,加大宣传力度,培育渔村新文化。

(二) 创新转产安置机制

1. 加强渔民技能素质培训

加强渔民素质技能培训,是适应就业市场变化的实际需要,也是渔区剩余劳动力有效转移的重要保障。要彻底改变渔民转产转业过程中所遇到的就业难题,首先要健全渔区职业技术教育体系,通过发展职业教育、电视教育、函授教育等多样化的教育项目,形成规模化的教育服务网络,并根据当地的渔业产业特点和用工单位的需求,拓展培训渠道和培训内容,提高培训的针对性和实用性。

针对当前渔区培训过程出现的实际情况,为充分满足广大渔民参加培训的积极性,培训部门可以适当增加培训班次或每班限额。以考船舶驾驶证为例,在大连海事部门船员培训机构开办的培训班每月限开3班,每班限额40人,根据此要求,沿海渔区成千上万的拟脱离捕捞转入海运的渔民的培训任务将非常艰巨,而且渔民的培训大多是集中在伏休期的3~4个月内,所以目前的办班现状远远不能满足渔民的需求,因此,建议将开班次数适当增加,每班人数也适当放宽。

渔区的渔民相对居住分散,而现在培训机构一般放在政府所在地,让渔民进城培训,增加很多花费。为此,沿海地区的人事、劳动社会保障、培训主管部门可以适当将管理范围和服务延伸到渔村,把培训班建立在基层,在保证办班质量的前提下,让偏远地区的捕捞渔民和渔村富余劳动力也可以享受到就业技能培训,方便渔民,减轻负担。

改革考试模式,创新考试形式多样化。针对大多数渔民从没有操作过电脑,无纸化考试不仅影响其考试成绩而且不利于下基层办班的实际情况,在政策允许的情况下要求尽可能体现考试方式的灵活性,可以采用常规的用纸笔试的办法。

实行"订单式"培训。由政府部门与用人单位联手,根据用人单位的具体用工情况对渔民进行"对口"培训,增加就业的成功率。比如,政府培训部门可以对所有海运船上的岗位进行统计,然后与用人单位协作培训渔民,需要什么岗位培训什么人员,需要多少培训多少,从而减少盲目跟风。

2. 加强渔民子女社会扶助

设立助学补助政策的理由在于:一是九年制义务教育是提高国民素质的其本国策,必须强制执行,而转产转业渔民的生活相对贫困,负担小孩上学有一定困难。二是从当前看,助学的目的主要是减轻某些在校生的家庭的负担;从长远看,是为提高渔民后代的文化素质、培养未来高素质的劳动力打下基础。它不仅具有扶持生活的功能,同时兼具发展生产的长远意义。通过这项政策的实施,可以尽可能地提高渔民子女的受教育程度,使他们有条件获得新的行业外的就业机会,为渔民家庭致富创造条件,还可减缓新增劳力对传统捕捞业和渔业资源的压力。

3. 促进海岛移民社区建设

渔民转产转业过程也是劳动力转移的过程,应该和我国现有的城镇化建设同时进行。大连地区沿海岛屿众多,可以仿照舟山地区渔民转产成功模式,整合社会资源,依据岛屿大小划分建设渔民社区。采取保障性住房制度,促进人口向城市和大岛屿流转,同时以渔港和码头为中心进行小城镇建设,配套设置水产品交易市场建设。以上措施既符合国家现行政策要求,又对我国城镇化建设起到推动作用,可以妥善地安置剩余劳动力,在建设过程中又为转产转业渔民提供就业机会,有利于加快渔业产业结构调整和现代化港口建设步伐。

(三) 提高社会保障程度

1. 改革就业保障制度

渔民在历史上就没有像农民那样有土地依靠,也正是由于缺乏土地这一最基本的生产资料作保障,才陡增了渔民转产转业的难度。首先,长期的海上生产生活使渔民失去了从事陆上工作的条件、知识和技能,在劳动力市场上没有竞争力,生活异常艰苦。其次是渔民失海,特别是在海洋权益发生巨大变化的今天,渔民所面临的困难最直接、最严重。中日、中韩、中越北部湾三个渔业协定的实施,我国渔民从传统渔场撤出,再加上受日趋严重的资源衰退和海洋污染、海上工程建设、海底电缆铺设、滩涂围垦等占用渔业水域、滩涂的影响,渔民作业渔场不断萎缩,而国家对失去传统作业场所的捕捞渔民又没有相应的安置和补偿措施,结果"失海"渔民陷入了"养殖无水、捕捞无海、种田无地、转业无门、低保无份"的窘境,失去了生产保障。这就要求全省范围内就渔民保障性就业方面进行规划,最好是在进行城镇化建设和渔业产业调整的项目下,优先使用此类人员,加强渔民就业安置。

2. 完善生活保障制度

沿海地区的渔民养老保险制度还未建立,退出生产的老年渔民生活异常艰辛。据调查,仅舟山市现有老年退休渔民近 4 万人,且每年还以近 3 000 人的数量递增，这些老年渔民一部分靠家庭自养，如果子女仍从事海洋捕捞生产的话，受经济效益降低的影响，终将难以承受；另外一部分老年渔民在渔村改革时拿到了几千元的一次性养老补助，但几年下来也基本上使用殆尽；渔民养老等问题的后顾之忧不解除，转产从事其他行业将步履维艰。另外，沿海各地大都是企业富，政府穷，地方财政大都是"吃饭财政"，政府的财力所要顾及的地方太多，有限的精力都放在了城镇居民的就业和生活保障上面，对渔民的养老、医疗等社会保障有心无力。新型的财政补贴和社会保障机制应尽快建立，给予此类渔民以最低的生活保障，如建立渔业养老院等。

3. 健全渔业保险制度

渔业是一个高风险行业，就捕捞业和养殖业而言，其利用的是海水资源和海洋生物资源，这样的模式决定其受气候和环境影响较大，可控制性差。在渔民转产之后进行创业，特别是进行与渔业相关的行业具有更高的危险性，据有关部门统计，近 5 年我国渔业系统每年因自然灾害所造成的直接损失平均高达 50 亿元，但从保险公司得到的赔偿却非常少，保险措施的不健全在很大程度上影响了渔民转产从事其他行业的主动性和积极性。另外对于转产养殖业的渔民，风险极大，一旦遭遇台风等自然灾害或者鱼病爆发，渔民将承受致命打击。所以应开发新型保险，鼓励和引导渔民参与其中，为转产转业保驾护航。

转产从事远洋捕捞、海上运输、观光游钓也同样会面临这样的问题，对渔民来说，渔船是他们的生产资料，而商业保险出于商业利益，投保费用高且保大不保小，受保的都是相对保险的"大型渔船"，对木质船、马力小的渔船以及人身安全的保险理赔程序多、时间长，不适应渔业生产的实际情况。

如今，我国部分沿海地区在推行一种名为渔船船东互保的保险办法，但因尚处在政策的边缘，发展步履蹒跚，其积累的渔船互保储备金非常有限，一旦遇到比较集中的大灾害就显得捉襟见肘，对养殖户提供更多保险尚无能为力。

（四）拓宽渔民就业渠道

1. 进一步发展海水养殖业

水产养殖业既是渔业中的传统产业、又是渔业中的新兴产业。水产养殖的新技术、新机制、新对象以及市场的巨大需求，给水产养殖业带来了巨大的发展机遇，为渔民的转产转业提供了良好基础条件。通过向转产转业渔民提供养殖海域使用权或承包经营权，进一步扩大沿海优质水产品养殖产业带，创造新的就业机会。通过培育养殖龙头企业，推进"公司＋农渔业户"的产业发展形式，为转产转业渔民提供种苗、技术、信息和销售服务，保障转产转业渔民逐步适应新的工作环境和条件。

2. 进一步发展休闲渔业

休闲渔业在发达国家渔业中占有十分重要的地位，是集游钓、观光、赏玩、科普、餐饮为一体渔业文化产业。休闲渔业在我国还处于起步阶段，但已显示出新兴朝阳产业的迅猛发展势头。海洋渔业是大连传统优势产业，大连海洋渔业文化历史悠久，海域自然岸线景观独特，具有发展休闲渔业的强大潜力。发展休闲渔业应重点做好规划，确定重点扶持项目，优先为转产转业渔民提供条件和方便。

3. 进一步发展渔需服务业

渔需服务业是渔业的重要环节，包括船网工具修造、供水、制冰等一系列后勤保障服务，是建立完善体系、发展渔港经济的重要组成部分，对吸纳和转移沿海捕捞富余劳动力可以起到重要作用。因此，应结合渔业结构的调整，进一步发展为渔业产业链提供优质服务的渔港管理、工具修造、渔需品供应、渔民培训等后勤服务业及其他非渔产业，为渔民提供择业和就业条件。

第五章　大连海洋渔业发展转型

随着农业部出台一系列改革文件,我国在加强海洋渔业资源管理、加大资源保护力度方面作出重大调整,这意味着海洋渔业进入转型升级的 2.0 时代。全面推进海洋渔业转型、实现海洋渔业经济的可持续发展已成为现阶段我国渔业发展的紧迫任务。

一、国内外海洋渔业研究现状

(一) 国外海洋渔业研究现状

1. 海水养殖对海域的影响

Wu R S S 等(1994)[①]指出,澳大利亚的鱼饲料中被鱼类有效利用的蛋白质不足 30%,包括我国在内的亚太地区海水养殖,其主要饲料为小杂鱼,我国的污染程度和损失量远高于澳大利亚。Mazzola A(2000)[②]和 La Rosa T(2002)[③]认为,由于海水养殖过程中不断产生废物,提高了水体的富氧化程度,这样,养殖废物沉积到海底,致使海底

---

①　Wu R S S, Lam K S, Mackay D W, Lau T C, Yam V. Impact of Marine Fish Farming on Water Quality and Bottom Sediment: A Case Study of the Sub 2 Tropical Environment[J]. Mar Environ Res,1994,38(5).

②　Mazzola A,Mirto S,La Rosa T,et al. Fish-farming Effects on Benthic Community Structure in Coastal Sediments: Analysis of Meiofaunal Recovery[J]. ICES Journal of Marine Science,2000(6).

③　La Rosa T,Mirto S,Favaloro E,et al. Impact on the Water Column Biogeochemistry of a Mediterranean Mussel and Fish Farm[J]. Water Research,2002(5).

有机物被污染,长此以往,生活在海底的动物和植物逐渐消失,导致海底生物多样性逐步下降。芬兰的 K Saarni,J Setala,A Honkanen,J Virtanen 2003 年在 Aquaculture Economics & Management 杂志发表了题为"An Overview of Salmon Trout Aquaculture in Finland"的文章,文章很深入地分析了芬兰的鳟鱼养殖业,主要研究了持续的市场变化与产业决策之间的关系,研究表明鳟鱼养殖业的发展与国家的环境政策紧密相关。

2. 渔业产业政策与管理

Barton(1997)①以智利三文鱼生产为例,分析了商业性渔业的产业规制与可持续性问题,认为政府应该对三文鱼水产养殖实施产业监视和规制,以实现扩张速度下的可持续发展。Marshall(2001)②探讨渔业产权变革对于水产养殖场分配以及对渔业资源控制的影响问题。Pak 和 Joo(2001)③研究了韩国渔业产业长期得到政府补贴的现实,由于面临国际上关于削减和取消渔业补贴的争论,认为必须重新审视本国渔业补贴政策与 WTO、OECD 等国际组织的规则协调问题。Aarset(2002)④以美国华盛顿州大马哈鱼产业为例,阐述了协会对政府政策的影响作用,认为政府决策是必要的,但对于政策实施却未必是有效的,渔业协会在华盛顿州政府政策执行方面没有发挥有效作用,而美国东南部鳗鱼产业和挪威大马哈鱼产业的实践却提供了成功

---

① Barton. Environment Sustainability and Regulation in Commercial Aquaculture: The Case of Chilean Salmonid Production [J]. Geoforum,1997,28(3).

② Marshall J. Landlords, Leaseholders & Sweat Equity: Changing Property Regimes in Aquaculture[J]. Marine Policy,2001,25(5).

③ Pak M S, Joo M B. Korea. Fisheries Industry and Government Financial Transfers. Marine Policy,2001,26(6).

④ Aarset B. Pitfalls to Policy Implementation: Controversies in the Management of a Marine Salmon-farming Industry[J]. Ocean & Coastal Management,2002(6).

的产业组织案例。Fox,Grafton 和 Kirkley 等（2003）①对企业绩效和渔业产权的变革进行了深入研究,运用微观经济关系模式,该模式可用于所有企业的资源存量、投入价格和成本与利益最大化,进而为企业和制度制定者提供了关于提升整个行业绩效的客观依据。Eagle,Naylor 和 Smith(2004)②研究了三文鱼养殖与捕捞之间的产业竞争,分析比较了养殖三文鱼与捕捞三文鱼的市场竞争力,得出了养殖三文鱼市场竞争力强于捕捞三文鱼的结论,其原因除了养殖三文鱼有固有的市场优势外,还受益于限制对天然三文鱼的捕捞能力。Stoneham,Lansdell 和 Cole 等(2005)③认为以最小成本操作渔业经济可有效管理渔业资源配置。为验证这一理论,他们用经济学运算方法,研究了渔业资源的租金改革方案,政府无法获得企业的渔业成本信息,需要企业自行披露,以完成渔业资源的拍卖活动。Dawson(2006)④对美国实施个体捕鱼配额实行后大比目鱼行业的垂直整合问题进行了跟踪研究,认为大比目鱼行业的垂直结构已发生了明显变化,赋予特定权利对于产业垂直结构有很大影响。Jorgensen 和 Yeung（1996）⑤研究对公共海域商业性渔业问题进行了随机微分博弈分析,确定了一个反馈纳什均衡,得出了均衡收获策略,给出了作为可更新自然资源的渔

① Fox K J,Grafton R Q,Kirkley J,Squires D. Property Rights in a Fishery：Regulatory Change and Firm Performance[J]. Journal of Environmental Economics and Management,2002,46(1).

② Eagle J,Naylor R,Smith W. Why Farm Salmon out Compete Fishery Salmon[J]. Marine Policy,2004,28(3).

③ Stoneham G,Lansdell N, Cole A,et al. Reforming Resource Rent Policy：An Information Economics Perspective[J]. Marine Policy,2005,29(4).

④ Dawson R. Vertical Integration in the Post—IFQ Halibut Fisher[J]. Marine Policy,2006,30(5).

⑤ Jorgensen S, Yeung D W K. Stochastic Differential Game Model of a Common Property Fishery[J]. Journal of Optimization Theory and Applications,1996,90(2).

业资源静态分析模型。最近十几年来,渔业补贴对水产品国际贸易可能带来的负面影响,成为许多国际组织研究的议题,同时一些国际知名学者如哈内森(Hannesson),莫利(Munro)、索莫拉(Sumaila)、安乃森(Arnason)、希莱克(Schrank)等也开展了相关的研究。

综上所述,国外学者和相关组织关于海洋渔业转型的研究,主要集中在海洋渔业产权变革、海洋渔业产业规制、海洋渔业产业政策、海洋渔业资源组织、海洋渔业结构调整、渔业补贴与水产品国际贸易的关系等方面。

(二) 国内海洋渔业研究现状

国内关于海洋渔业研究成果非常丰富,但对于海洋渔业转型的研究仍处于起步阶段,研究多集中于海洋渔业产业结构转型与管理制度调整等问题。

1. 海洋渔业产业转型

纪鹏翔(2008)[①]在其硕士论文《青岛市城阳区海水养殖业发展对策研究》中,运用 SWOT 分析法,以青岛市城阳区海岸带开发的经验为例,深入分析了青岛市城阳区海水养殖业的产业结构、信息科技的运用以及海水养殖区域布局等各方面因素,并根据当前渔业发展的局势,对青岛市城阳区海水养殖业转型发展提出相关建议和对策。黄甫、蒋鸿标(2007)[②]在《加快广东海水养殖业可持续发展的对策》一文中深入分析了广东省海水养殖业存在的诸多的问题,并根据这些问题提出了走健康养殖之路、加强海产品质量监督监测体系建设和质量认

---

① 纪鹏翔. 青岛市城阳区海水养殖业发展对策研究[D]. 青岛:中国海洋大学,2008.

② 黄甫,蒋鸿标. 加快广东海水养殖业可持续发展的对策[J]. 安徽农业科学,2007(6).

证,合理布局、加强管理、大力培植海洋龙头企业、实施休渔制度、提高养殖人员素质等对策建议。司徒建通(2001)[①]发表了《关于我国海水养殖业结构调整的思考》,在文章中从我国的实际出发,提出要进行海水养殖业结构调整,必须要坚持因地制宜、以市场为导向、持续发展和科技推动的原则,并要立足于战略性调整。文章中还围绕对养殖品结构调整、养殖布局结构调整、转变经营模式和如何调整关键问题进行了深入探讨。潘克厚、孙吉亭、陈大刚(2002)[②]在"海水养殖业向高新技术产业转变之探讨"文章中指出无论如何发展,海洋第一产业始终离不开海水养殖业,并且逐步向高新技术产业转变。在转变过程中,难免遇到一些障碍因素,比如养殖业产业结构不合理,水产养殖业的科技利用并未跟上科技发展节奏等。针对这些问题,文章给出几点有效建议,即加快完善养殖水域环境监测体系、大力推广水产养殖科技体系、设计适当的运行机制以适应高新技术产业化发展。陈应华(2008)[③]发表了"浅谈我国海水养殖业面临的主要问题及对策"一文,在文章中指出:一直以来,我国海水养殖业的发展主要以对虾、海带和贝类为主,目前正在向以海水鱼类养殖为主的方向发展。但发展中存在着诸多问题一直难以有效解决,其中最重要的问题就是忽略了产品质量,只注重发展产业规模,忽略了可持续发展战略,破坏了水域生态环境。因此,文章提出发展生态化养殖模式,清洁生产,注重技术创新与管理创新,走集约发展道路。王淼、秦曼(2007)[④]提出了海洋渔业

① 司徒建通. 关于我国海水养殖业结构调整的思考[J]. 中国渔业经济,2001(1).

② 潘克厚,孙吉亭,陈大刚. 海水养殖业向高新技术产业转变之探讨[J]. 渔业科学进展,2002,23(4).

③ 陈应华.浅谈我国海水养殖业面临的主要问题及对策[J].海洋与渔业,2008(10).

④ 王淼,秦曼.海洋渔业转型系统的构建及关系分析[J].中国海洋大学学报(社会科学版),2008(1).

转型系统,根据目前所存在的问题,包括过度捕捞造成渔业资源枯竭、渔业经济增长方式落后以及渔业产业结构失衡等,鼓励政府完善相关管理制度,制定相关扶持政策,从经济、政治、法律、社会、生态等外部环境因素保障海洋渔业转型系统的运行。王淼、刘勤(2007)[①]提出海洋渔业外部转型和内部转型的概念,外部转型包括与渔业产业相关的政策、管理体制、价值取向和渔业赖以生存的生态环境等方面的转型。内部转型则是从渔业产业自身出发,包括水产品的生产、加工、流通、研发以及品牌建设等方面的转型。

2. 海洋渔业管理

高健、长谷川健二(2006)[②]提出,为加强渔村公有制经济组织的管理,促进渔业合作经济团队的发展,应建立政府管理和市场调节相结合的发展模式,将社会主义市场经济体制作为海洋渔业经济发展的基础。唐建业和黄硕琳(2006)[③]在《渔业社区管理在中国的实施探讨》一文中指出:对当前渔业制度的改革,首先要做好渔船管理、渔民转产专业和对海洋渔业资源及生态环境的保护与修复工作。根据我国当前海洋渔业发展趋势,加强对渔业社区管理,制定捕捞限额制度,在政治、经济和社会等各方面提供良好环境,开辟一条新的渔业管理改革道路。马琳娜、慕永通(2004)[④]提出了渔业共同管理的理念,并详细介绍了该理念的运行机制及优势,建议我国在渔业管理制度改革过程中,建立共同管理制度,有利于实现对渔业的有效管理,加快渔业

① 王淼,刘勤.实现我国海洋渔业外部转型的问题与对策研究[J].农业经济,2007(9).

② 高健,长谷川健二.中国海洋渔业经济可持续发展的经济组织制度[M].上海:上海科学普及出版社,2006.

③ 唐建业,黄硕琳.渔业社区管理在中国的实施探讨[J].海洋通报,2006,25(4).

④ 马琳娜,慕永通.渔业共同管理模式初探[J].中国渔业经济,2004(5).

制度改革进程。陈静娜、慕永通(2006)①介绍了海洋渔业产权的基本理念,根据我国海洋渔业发展现状,指出渔业产权管理机制对于我国渔业向可持续发展模式转型的重要性,并设计了海洋渔业产权制度具体实施方案。

二、大连海洋渔业转型的必要性

(一)渔业装备设施亟待提升

1. 海洋捕捞渔船装备落后

据统计,目前大连共有各类渔船 11.46 万艘,99.4 万总吨。其中,钢质和玻璃钢质海洋机动渔船 6 570 艘,仅占比 5.7%,平均每艘 83 总吨,155 千瓦;海洋捕捞渔船 2.26 万艘,占比 19.7%,且大部分是拖网、刺网、张网作业方式,围网和钓业渔船仅 1 100 余艘;从功率上看,441 千瓦以上渔业船舶仅有 70 艘,平均每艘不足 300 总吨。虽然近年来渔船普遍实现了机动化,但近海捕捞渔船仍以木质船为主,船龄大于十年的比例超过 70%,老化现象严重,装备技术落后,能源消耗巨大,捕捞效率低下。据推测,我国海洋渔船装备技术落后日本、韩国及欧美渔业发达国家 30～40 年,落后现代船舶工业水平 30 年。

据调查结果显示,大连海洋捕捞渔船安全技术状况与《国际渔船安全公约》的要求还有不小的差距,统计数据显示,大连近海捕捞渔船安全技术指标符合该公约指标的渔船数量仅占总数的 46.3%,多数捕捞渔船安全设备陈旧、老化,船上缺少 GPS、AIS 等航海导航助航仪

---

① 陈静娜,慕永通.我国海洋渔业资源产权化管理模式研究[J].浙江海洋学院学报(自然科学版),2006(6).

器,甚至不少渔船上没有 SAT、EPIRB 等救援信号设备,这对捕捞渔船的安全航行十分不利,严重威胁着渔民的生命安全。

2. 海水养殖设施及水产品加工设备技术落后

目前农业部提倡限制海洋捕捞量,加大力度发展海水养殖业与水产品加工业,就大连目前养殖业与水产加工业的发展现状来看,养殖机械装备仍较为简陋,海水养殖系统中循环水泵(供水泵)、机械过滤(固体物及细微悬浮颗粒回收)、自动反冲洗(固体物回收)、高效溶氧(氧气)等系统无法做到大流量水体更换,不能有效控制氨氮、悬浮物、溶解性有机物以及二氧化碳等代谢物的积累。系统处理单元的水循环利用效率和经济性较差。与此同时,我省水产品加工设备大多是 20 世纪 90 年代的产品,技术较为落后,生产效率低,尤其对水产品深加工能力薄弱,难以实现产品附加值。装备的落后,严重制约了大连海水养殖业和水产品加工业的发展。

3. 渔业装备研发制造能力薄弱

虽然大连的船舶工业在国内船舶制造业领域已达到先进水平,但是关于渔业船舶及装备的研发制造却远远落后于国际先进水平。由于缺少科研任务和经费支持,导致研究的人才流失,不少专业研究机构因任务不足而导致解散或名存实亡。目前在中国水产科学研究院渔业机械仪器研究所、大连理工大学、浙江海洋学院和一些渔船建造企业还有少量的几支科研团队,在渔船检验系统还有一些掌握科技发展情况的行业领导者,但总体人才队伍明显匮乏。这使得渔业船舶及装备的研发力量后劲不足。同样,对海水养殖及水产品加工设备的研发也缺少科技投入,难以迈上新的台阶。

(二) 渔业经济增长方式有待改进

1. 渔业资源恢复压力大

目前大连海洋渔业第一产业与第二、第三产业产值比例严重失衡,渔业生产总值中,主要靠第一产业,第二、第三产业发展严重滞后。而第一产业中,生产方式以海洋捕捞为主,极大限度地依赖于海洋渔业资源,致使近海渔业资源不断衰退,与鱼虾数量同时减少的,还有鱼虾的种类。如鲙鱼、梅童鱼、鳐鱼、鲻鱼、乌贼等,这些以前常见的种类如今已很难看到。由于作为多种鱼虾主要产卵场、育幼场和索饵场的渤海湾日趋"荒漠化",致使黄海、渤海渔业资源迟迟不能恢复,沿海人民特别是广大渔民赖以生存和发展的产业基础受到严重威胁。渤海兴则渔业兴。渤海渔业对大连海洋渔业的发展意义重大。但是,自20世纪80年代以来,由于长期的酷渔滥捕和水域污染、涉海工程建设等人为因素的共同影响,渤海渔业资源严重衰退,生态结构遭到严重破坏,生物多样性明显下降,种类组成趋于小型化、低质化,资源生产功能严重退化。

2. 海水养殖方式有待转变

从大连海水养殖业发展现状看出,目前我省海水养殖结构单一、养殖品种较少,以鱼、虾、蟹、贝类为主,缺乏品种多样化的养殖基地。限于养殖设备的提升,海水养殖方式比较落后,产业化水平较低,生产方式仍以家庭作坊居多,工厂化养殖及深水大网箱养殖并未普及,养殖规模和技术发展受到很大限制。同时,由于工业污水的排放,养殖水域的生态环境质量严重下降,养殖企业处理污水能力有限,严重影响到海水养殖业的质量和产品效益。所以,要加快养殖生产方式的改进,提高养殖业在产业中的比重,才能有效降低渔业捕捞的需求,保护渔业资源。

3. 渔业第二、第三产业发展相对落后

大连海洋渔业产业中,水产品加工业和休闲渔业发展相对滞后,尤其是休闲渔业还处在刚起步阶段,对拉动渔业经济总产值的贡献较小。改变我省渔业经济增长方式,应主要从第二、第三产业

入手,由于产业发展起步较晚,发展空间与前景很大。大力发展休闲渔业可以推动渔业经济由粗放型向集约型发展,由掠夺式开发向生态型开发的转变,在保护生态环境良好发展的前提下,利用渔业文化与生态旅游相结合,拉动渔业经济的增长。因此,发展渔业第二、第三产业对改变渔业经济增长方式,提高渔业发展经济效益能起到至关重要的作用。

(三) 海域生态环境压力加大

1. 海洋渔业生态系统失衡

人类在发展经济和开发渔业资源的过程中,忽视了海洋生态系统的支持能力,对有限的渔业资源进行掠夺性的开发,是海洋生态系统中物种多样性发生改变,海洋物种品质下降,破坏海洋生物栖息地,是海洋生物群落结构发生改变,并影响到食物链的传递,导致某些海洋生物种类的灭绝,从而使海洋生态系统的结构和功能遭到一定程度的破坏,生态系统自我调节能力随之下降,海洋渔业可持续发展形势严峻。

2. 养殖水域环境恶化

大连自然海岸线保有率逐年下降,滩涂面积也在逐年缩减。水域环境不断恶化,未达到第一类海水水质标准的海域面积占全省管辖海域总面积的63%,其中劣于第四类海水水质标准的海域面积为4 790平方公里,占全省管控面积的22%。在全国56个沿海城市中,只有葫芦岛近岸海域水质良好,其余城市水质都未能达标。随着城市化的急剧扩张,伴随着一些重大装备、重型机械、重大化工、大型电力、造船等大项目相继进入大连多个临海(港)工业区,特别是化工园区的开发建成,陆路污染入海大幅增加,再加上海岸围圈养殖及育苗室大量使用化学药剂且随意排放,使海洋承载能力日益降低。在上述影响下,大连海洋渔业资源已经出现明显下降,大连市连续两年近岸捕捞产量下降,金普湾、旅顺等传统渔业海域面积面临无鱼可捕的境地。更令人担忧的是,大连海岸带海洋灾害规模正在逐渐加大。

(四) 产品加工流通能力薄弱

1. 冷链物流建设滞后

绝大多数水产品加工企业主要依赖于海洋捕捞,冷链物流仓储企业储备量不足,缺乏进口原料的引进,鱼类、贝类、虾、蟹类等海产品在休渔期间难以保证产品供应。海产品加工企业对产品的包装、保鲜技术不够完善,在运输、销售、保存过程中极易被细菌污染,降低产品质量。

2. 加工技术有待提升

大连水产品加工企业规模较小,多数是以传统加工方式为主,技术水平较低,自主开发能力比较薄弱,产品加工形式以原料和半成品为主,产品种类单一,缺乏对即食、休闲、保健等高技术含量、高附加值的产品加工技术,不能满足当前市场需求。加工产品增值幅度较小,加工过程中大量下脚料无法得到提取和进一步利用;在加工技术研发方面,科技发展与产业发展结合不够紧密,成果转化率低,渔业科技向现实生产力转化能力弱、技术成果产业化程度低,制约着大连水产品加工业的快速发展,加工行业整体技术水平还有很大的提升空间。

3. 市场流通不够顺畅

整个大连水产品流通市场缺乏统一管理与整合,市场管理机制不完善,不同市场水产品质量良莠不齐;水产品从加工到运输再到销售市场,整条产业链不够成熟,尤其是冷链物流的缺乏,导致水产品的运输受到很大限制,难以保证水产品运输质量,大大缩减了大连水产品的销售流通范围,也使水产加工企业的生产积极性受到影响;水产品加工销售企业经营水平较低,缺乏创新意识,生产过程中盲目跟风;大中型企业管理人才缺乏,缺少国际贸易沟通与交流,影响了水产品进出口贸易额;个体及私营企业甚至难以保证产品质量,市场口碑不良,缺乏品牌意识,导致水产品市场竞争力下降。这些问题严重制约着大连海洋水产品市场的健康发展。

(五) 渔业政策价值取向偏离

1. 渔业政策的公平性有所偏离

政策的制定,要以政府和立法机关为主体,体现出公共政策的价值取向,即国家性、公共性、价值性、权威性。但是在渔业政策出台实施过程当中,并不能照顾到相对弱势的群体,并没有或者很少顾及政策的直接受用者——渔民,政策的话语权出现了偏差,这本身也是一种不公平的体现。另外,由于渔业资源的枯竭,海洋捕捞业属于限制、控制、调整的产业,但是在政策设计上却为区分渔业和农业的不同,同时简单套用个"多予少取"的农业政策,即在限制渔业的同时又出台了许多扶持渔业的政策。比如,柴油补贴、减船补助政策直接受益者均为占渔民总数约 30% 的股东和船主,而大多数传统渔民很难享受到这些优惠政策。

2. 渔业政策的制度设计存在缺陷

在制定海洋渔业政策时,并未全面考虑以下因素:技术的不断进步使海洋捕捞机械化程度不断提高,捕捞设备更加多样化,掠夺式地开发海洋渔业资源,近海渔场的压力日益加重;城市生活垃圾及工业污水大量排放入海;过度养殖超过海洋生态环境的承载能力;随着多边渔业协定的签署生效,大大缩减了渔船捕捞范围,迫使大量的捕捞渔船由外海渔场退回到近海渔场作业。面对海洋渔业资源的枯竭,一方面要适当限制海洋渔业的过快发展；另一方面要注重维护广大渔民的个人利益以及政策的普惠性，以体现国家对海洋渔业的控制和对渔民权益的合理、公平、有效的设置。

3. 渔业政策执行中政府管理成本太高

我国目前实行的海洋渔业控制制度包括捕捞许可制度、捕捞限制制度、休渔制度、渔业资源课税制度等，这些制度基本上是以控制渔船过度捕捞减少入渔量为目的，这种制度虽然比较容易操作，但其运行成本很较高，需要政府投入巨大的人力、财力、物力。有些制度并不能有效解决渔业资源保护和利用的矛盾。

三、大连海洋渔业转型的影响因素与机制设计

（一）大连海洋渔业转型的影响因素

1. 海洋渔业转型的障碍因素

（1）渔业资源衰退及生态环境破坏。资源与环境一直是制约大连海洋经济发展的重要因素。渔业资源与渔业生产之间的矛盾，归根结底是人与自然之间的矛盾。随着人类文明的发展、科学技术的创新以及生产手段的日益进步，海洋渔业资源的开发种类也在不断增加。长期以来，人类盲目追求渔业 GDP 的增长，错误地认为渔业资源是取之不尽、用之不竭的，因而对海洋资源掠夺性地开发，导致大连海洋渔业资源不断衰退，目前渤海渔场已经有多种甲壳类、贝类资源濒临枯竭。而且，随着工业化和城市和进程的加快，受到来自其他产业的快速发展的竞争等影响，我省传统的渔业水域受到挤压，海洋滩涂被大量占用，填海围海屡见不鲜。同时，渔业以外的其他产业，如港口、造船、围海造地等，破坏了近海海域生态系统的完整性，加剧了珍稀水生野生动植物的濒危程度。总之，大连海洋渔业面临的最大瓶颈在于资

源和环境的刚性约束,这将成为今后长期制约我省渔业可持续发展的主要因素。

(2)渔业科学技术落后。在世界范围内,我国海洋渔业科技的总体水平不高,与美国、日本、加拿大等发达国家相比还有较大差距。相比之下,大连海洋渔业科技发展明显滞后,主要表现为:渔业科技的发展缺少经济政策的扶持,总体投入有限,渔业科技领域缺乏人才培养,创新能力不足;大连渔业加工技术落后,水产品附加值较低,加工企业与科技产业发展结合不紧密,科技成果没有有效转化为现实生产力;海水养殖技术体系单一,缺少高科技、多元化、生态化的现代渔业养殖理念,高端养殖科研成果没有普及到实际应用中去,海水养殖生产效益难以提高;对渔业科技推广力度不够,缺乏专业人才的培养,大连基层渔民的科技文化水平较低,对高科技、新技术的接受能力不强,生产效率低下。大连整体渔业产业的科技化水平较低,自主创新能力不强,发展后劲不足。这些问题制约着大连海洋渔业的转型进程。

(3)渔业管理体制与市场机制不完善。随着经营体制的转变,我国现行的渔业行政监管体制已经不能适应股份制渔业管理的要求,原有的管理体制的指挥链偏长,地方利益强化,缺乏协调统一性,如渔政管理、渔港监督和渔船检验三支管理队伍难免出现协调配合不畅的局面,造成管理体制的混乱。同时,渔业市场运行机制不健全、市场管理不规范,缺少对过剩生产能力和低级生产能力的淘汰机制和促进产业竞争力提高的机制,存在分散经营的小生产经营与社会大流通之间的矛盾。

2. 海洋渔业转型的促进因素

(1)国家财政的大力支持。近十年来,我国中央财政对渔业支持的资金不断大幅上升,从 2005 年到 2014 年,年平均增长率为 43.67%。其中包括非经营性基本建设资金、农业综合开发专项资金、转产转业专项资金、中央财政转移地方专项资金。大连政府也响应中央号召,对我省海洋渔业的转型发展注入大量资金,财政支持力度逐年增加,大力扶持我省渔业中、小企业在资本市场的融资,从而不断发展壮大,大中型企业转型升级。根据大连海产品市场需求,投资建设大型水产品生产加工基地,增加水产品生产种类,并不断提高产品质量。投入更多的人力、物力、财力发展冷链物流,升级水产品仓储及运输条件,以改善我省水产品的市场流通,降低渔业物资的消耗,提高渔业生产效率。政府对渔业科技的发展也投入专项基金,鼓励科研院所加强渔业科技交流,重视培养相关领域科技人才,向基层渔民推广水产养殖新技术、新理念,以降低生产成本,提高产品质量与收益率。

(2) 群众生态环境保护意识增强。随着生态环境质量的不断下降,海洋资源的不断枯竭,同时政府媒体等部门大力宣传环保理念,呼吁人们走可持续发展道路,人类已经逐渐意识到了过去对"海洋资源取之不尽、用之不竭"的错误观念带来的危害,并开始逐步转变环保理念,更加注重可持续发展。这一改观对促进海洋渔业向可持续发展模式转型起着决定性作用。只有全人类转变观念,提高思想觉悟,所有人共同努力,才能从根本上遏制对生态环境的破坏和对资源的掠夺性开发,海洋渔业才能真正走上可持续发展道路。目前,国家高度重视海洋资源环境的保护与修复工作,不断强调可持续发展战略,在如此的大环境下,加之政策的大力扶持,以及人类的环保理念不断升级。从根本上遏制对海洋环境的污染,降低海洋捕捞强度,转而提高海水养殖技术与质量,提高水产品生产加工效率,对大连海洋渔业转型有很大的促进作用。

(3) 渔民转产转业政策的推进。近年来,从中央政府到地方政府都十分注重渔民转产转业政策的实施,并加大财政拨款力度,施行渔船报废拆解补助政策,使渔民报废渔船得到与市场价格相符的补助津贴,激发渔民对渔船报废的积极性,从而有效减少渔船数量,降低海洋捕捞强度,减轻海洋资源压力。对转业渔民的重新就业施行优惠培训政策及增加补助津贴,提高转业渔民再就业能力,增加了渔民转产转业的信心。渔民转产转业政策的大力推进,对推动大连海洋渔业的转型起到了一定的促进作用。

(二)大连海洋渔业转型的发展方向

1. 由经济驱动向生态驱动转变

改革开放以来,中国经济进入了飞速发展阶段,大连乃至全国的海洋渔业蓬勃发展,海洋渔业 GDP 逐年提高。经济利益的驱动,使人类忽略了生态环境及海洋资源的压力,不断加大海洋捕捞强度,尤其是近海捕捞强度,对海洋渔业资源造成了极大的破坏,加剧了海洋资源与渔业生产之间的矛盾,这种破坏性在很长一段时间内难以修复。同时,随着人口不断增加,水产品市场需求量的不断增大,盲目地扩展海水养殖区域,过度养殖,不合理用药、投饵等行为,对大连近海水域的水质和生态环境产生了严重的污染。然而,残酷的现实证明,如果不尽早控制这种掠夺式的渔业发展模式,大连海洋渔业很难走上可持续发展道路,甚至走向无鱼可捕的可悲境地。因此,必须改变当前的以经济驱动为主的发展观念,逐步向生态驱动模式发展。

要实现海洋渔业的可持续发展,必须转变经济发展的价值取向,由经济驱动向生态驱动转变。调整渔业产业结构,倡导绿色渔业发展模式,大力发展绿色无污染的海水养殖业、海产品加工业等渔业第二、第三产业,提高产品科技含量,实现渔业发展由注重数量到注重质量的转变。尝试人工放流、放养结合,淘汰传统养殖业中落后的养殖技术,引进先进养殖设备和生产技术,减少化学药物饵料的使用,加强对养殖污水的处理,通过提高海水养殖产量,逐步降低海洋捕捞量尤其是近海渔业捕捞量,同时升级改造捕捞渔船,淘汰老旧的木质渔船,鼓励渔民"走出去",发展远洋捕捞,保护海洋渔业资源的多样性。加快大连周边海域海洋牧场的建设,通过海洋投石、人工渔礁等手段,建立海洋渔业自然保护区,修复海洋生态环境。打造生态旅游项目,大力发展休闲渔业,利用旅游观光、休闲垂钓等模式,在带动渔业经济发展的同时保护海洋渔业生态环境。加大宣传教育的力度,树立人海和谐的指导思想,要求在观念上摆正生态环境和渔业发展的关系:既要考虑当前利益,满足人们生活的需要,又要考虑长远发展,保护资源多样性,使海洋资源可以永续利用;既要考虑渔业生态系统的产出索取,增产增收,又要考虑对渔业生态环境的保护,发展生态渔业;既要考虑经济、社会效益,又要考虑整个环境效益,还要考虑子孙后代对资源的需求。要使海洋渔业资源和环境保护的观念深入人心,只有人民群众环保意识的提高,对经济发展价值取向的彻底转变,才能推动实现由经济驱动向生态驱动发展的可持续发展终极目标。

2. 由粗放型发展向集约型发展转变

由当前渔业发展现状可见,大连海洋渔业经济增长方式以粗放型为主,第一产业与第二、第三产业配置严重失衡,海洋渔业产值主要靠近海捕捞和扩大海水养殖面积实现,第二、第三产业发展相对滞后。在当前形势下,海洋渔业资源不断衰退,海洋生态环境污染加剧,传统的粗放型发展模式已经无法满足现代渔业的发展需求,因此转变渔业经济增长方式刻不容缓。大连海洋渔业的转型应当践行可持续发展模式,逐步由粗放型发展向集约型发展模式转变。

所谓集约型经济增长方式,就是要以科学技术为先导,加大海洋渔业科技创新和推广力度,鼓励技术开发,将新技术广泛应用到渔业结构转型中去,发展绿色渔业、科技渔业,在经济快速增长的同时,保护海洋生态环境和海洋资源不受到破坏。发展集约型经济增长模式,当务之急,要加快技术创新、科研开发以及成果推广的步伐,使科学技术占领渔业生产的各个环节、各个领域,如邓小平理论中所说,"科技是第一生产力"。

具体来说,集约式发展,首先,要加大海水养殖技术投入,利用科技手段完善育苗技术,加快水产良种繁育推广,大力发展优质高效的海水养殖产品,做大做强水产种苗业,研究一批优质新品种,发展精细养殖,使海水养殖从源头开始就有良好的发展。同时,加强病虫害防止技术的研究,增强种苗低于病虫害的能力,改善养殖环境,提高海水养殖业产量和效益。合理开发利用浅海、滩涂,发展近海滩涂养殖技术,引入先进深水抗风浪大网箱养殖设备,使海岸带养殖业向工厂化、规模化、集约化发展。加大海水养殖管理技术投入,提高生产者的技术素质,定期进行管理技术培训,创造良好的发展软环境。其次,加大水产品加工技术的投入,引进国内外先进技术与设备,使生产模式多元化,品种加工多样化,提高水产品精深加工的能力,提高海产品附加值,增加高端产品在市场中的份额,实现产值最大化,以提高生产效益。

(三) 大连海洋渔业转型的运行机制

1. 海洋渔业转型自身运行机制

(1)渔业资源保护机制。渔业资源保护机制就是要通过对海洋渔业资格各种生息环境的保护管理,使鱼类具有一个良好、安定的生长栖息繁殖环境,使其逐步形成一定的资源潜在量,从而使资源得以恢复或不会衰退。与此同时,强调人类对海洋渔业资源的合理利用,把海洋渔业生态平衡建立在一个高质量、高经济价值和实用价值的系统里。因此,海洋渔业资源保护机制的核心是解决我省海洋渔业资源衰退和海洋环境污染问题,最大限度地保护和恢复海洋渔业资源。其主要任务如下:

第一,严格控制海洋捕捞数量。一方面引导渔区劳动力逐步向工业、服务业转移,同时严格控制下海渔业劳动力人数,直至非渔业劳动力下海捕捞;另一方面控制渔船总数,逐步取缔"三无"渔船。鼓励发展远洋渔业,提高远洋渔业技术开发,精心组织和规划远洋渔业的开发工作;广泛参与国际资源竞争,把远洋渔业发展成为一支重要的力量。

第二,对海洋渔业资源进行有效修复。应当对海洋生物资源和水域环境进行整体性的保护。落实具体工作方案,分别对大连近海资源的生物多样性、对濒危海洋生物以及海岸带周边的水域生态进行保护与修复工作。利用增殖放流、人工育苗等手段,进行大规模的人工资源增殖,来补充海洋野生物种数量,增加海洋生态系统中食物链长度,逐渐恢复野生生物种群的自然生态环境。

第三,严格控制陆源污染和海上污染。应充分认识渔业环境污染的危害,决不能重走"先污染,后治理"的老路。联合环保部门与排污工厂企业等部门,严格控制城市生活垃圾、工业废水、农业废水等排放入海,提倡排污单位提高自我污水处理能力,从根本上遏制陆源污染。同时,海洋渔业管理部门加强对养殖单位的养殖污水处理效果以及近海船舶的油污排放的把控力度,降低海上污染程度。环保部门应加强对海洋渔业水域的环境监测,定期取样检测水质,加强对污染源的检测,为海洋渔业创造良好的生产环境。

(2)海洋渔业产业结构优化机制。海洋渔业产业结构优化机制就是要促进海洋渔业从粗放型经营向集约型经营转化,由传统渔业向现代渔业转型,实现可持续发展的终极目标。大连海洋渔业产业结构优化机制主要是解决我省海洋渔业产业结构不合理的问题,促进海洋渔业产业升级换代。具体地说,该机制的任务主要包括以下三方面:

第一,控制近海捕捞业,拓展海水养殖业,优化渔业第一产业结构。采取多种有效措施,压缩近海捕捞作业规模,改进捕捞作业方式,推进海洋捕捞能力控制,提倡发展远洋渔业。大力拓展海水养殖业,将大连渔业发展的重心逐渐由以"捕捞为主"向以"养殖为主"转移。在稳定发展传统养殖业的同时,加大科技投入,提高养殖技术含量,降低生产成本,提高产品质量和经济效益。调整海水养殖业结构,提倡发展绿色养殖和健康养殖模式。在海洋渔业产业内部,调整第一产业与第二、第三产业所占份额的比例,使我省海洋渔业产业结构逐步趋于合理。

第二,提高海洋渔业产业化水平,推进海洋渔业产业结构调整。提高渔业产业化水平,有利于实现我省渔业经济增长方式的转变,有利于增强海洋渔业产业的协调性,有利于推动海洋渔业由弱质低效向强制高效产业转化,有利于提高渔业科技含量。具体来说,就是要做大做强产业化龙头企业,加强生产基地建设,因地制宜发展品牌渔业,实施名牌战略,拓展海洋渔业产业链,采取先进的精深加工技术和加工方式,提高水产品质量和附加值。同时,要完善龙头企业与渔民利益联合机制,使龙头企业更好地服务渔民,增强龙头企业对渔民的带动能力,促进海洋渔业从产量型向效益型转变。

第三,鼓励海洋休闲渔业的发展。海洋休闲渔业作为新型的第三产业,既能拓展渔业发展的空间、开辟海洋渔业发展新领域,又可以推动渔区产业的多元化发展,提高海洋渔业的社会、生态和经济效益。因此,大连海岸带各地区要充分利用区域特色,以当地资源优势为依托,因地制宜,打造当地独有的具有地方特色和人文特色的休闲渔业。同时,还要遵循海洋、资源文化发展的自然规律,要尊重海洋、尊重自然,避免盲目开发,而忽视近岸海洋的承受能力与资源的多样性与稀缺性,强调绿色与环保推广生态旅游时休闲渔业发展的动力。休闲渔业的蓬勃发展,可以有效带动大连海洋渔业经济的增长,为捕捞业和养殖业减轻压力,达到平衡优化我省渔业产业结构的目的。

2. 海洋渔业转型外在运行机制

大连海洋渔业转型的外在运行机制主要包括产业发展融资机制、生态机制和开发管理机制等三个方面。

第一,产业发展融资机制设计。引入PPP模式应用于大连海洋渔业开发,探索海洋渔业开发众筹机制,通过竞争性手段引入社会资本投资,建立多元化产业融合发展机制及多形式利益联结机制,形成利益共享、风险共担、全程合作的共同体。通过PPP运营模式创新,降低民营企业的投资风险,有效实现政府对项目建设与运行的控制,从而有利于降低项目建设投资的风险,较好地保障渔村集体与民营企业各方的利益。

第二,产业发展生态机制设计。建立生态系统管理理念,加强技术创新推动作用,促进生态修复与养护。在海岸带渔场改良及造成、生物资源培养与补充、海岸带环境保护与修复以及良种培育与高效健康养殖、病害监控与预防、冷链物流、功能食品创制、产品质量控制与追溯体系等,推进海洋渔业技术创新体系建设。

第三,产业开发管理机制创新。加强海洋渔业资源管理与运营,以信息技术为手段,提升企业科学管理水平,实施"互联网＋现代渔业"行动计划,推进现代信息技术在渔业生产、经营、管理和服务领域的应用。推进现代信息技术在生产、经营、管理和服务上的应用。在平等互利基础上,打造联合品牌,实现利益共享。实现"产业链＋价值链＋供应链＋生态链"的高端化。现代海洋渔业产业创新联盟机制,加快建设海洋特色新型智库,创新高校、科研院所与企业的技术合作机制,广泛参与区域海洋竞争。

四、大连海洋渔业转型对策建议

(一) 转变政策价值取向

海洋渔业的发展,不仅是作为满足人类食物消费的需求,更应该满足人类生态价值需求,以生态价值为导向。政府作为渔业政策的制定者和实施者,应当树立正确的政策价值取向,为渔业转型提供良好的外部环境和有力的政策支持。

1. 从科学的角度,树立正确的价值取向

政策是在根据社会环境应运而生,随着社会环境的不断演化,政策也必须随之发生改变,否则政策的实施将无法达到其应有的效果。因此,我们完全有必要对之前的渔业政策重新进行思考、审视和选择,因为发展迅速的渔业社会与之前有了很大的不同,各种社会问题层出不穷。在构建社会主义和谐社会的今天,应该更突出地彰显出政策制定过程中的公平、公正的社会理念,引导渔业公共政策朝着一个良性的方向运行和发展,而社会反过来也会促进政策朝着一个更为明确、更为具体、更具操作性和科学性的方向发展。

2. 实施渔业政策剥离

价值取向是一个政策的灵魂,直接决定了该政策的受益群体和作用范围。在政策制定过程中,应当以价值取向为核心来把握政策制定实施的各个环节。在我国,渔业被列入大农业的范畴,在渔业政策的设计上未考虑渔业的特殊性,也为区分渔业与其他农业的不同点,尤其是面对海洋渔业资源的枯竭,要确保捕捞强度得到合理有效的控制,必须限制、控制海洋渔业的发展。国家对海洋渔业的扶持政策的核心是注重渔民权益的维护以及政策的普惠性,并体现国家对海洋渔业的控制和对渔民的权益合理、公平、有效的设置,是渔业政策实现社

会公平和社会公正。因此在新形势下实施有区别的渔业政策已是势在必行,具体来说就是要将渔业政策从农业政策剥离出来,制定完整的符合中国国情的合理、科学、有效的渔业政策措施和体系。

　　3. 推进渔业管理制度创新

　　渔业管理的一个重要目标是尽可能地实现注重管理效率和兼顾公平的调和与统一。渔民的权益时有各个方面的单一利益所组成的,因此,渔业管理制度的创新最终要落实到对渔民权益的有效管理和保障之上,尤其是弱势的渔民群体权益。提升管理的科学性和民主性,更深刻地体现以人为本的概念。

(二) 转变渔业经济增长方式

　　大连海洋渔业产业结构趋同,经济增长方式落后,第一产业与第二、第三产业配置不合理等问题,一直以来制约着大连渔业转型的步伐,在渔业产业结构转型的过程中,渔业经济增长方式的转变已迫在眉睫,深化我省渔业经济体制改革,由粗放型向集约型转变刻不容缓。以提高渔业经济发展效益、提高渔业产品质量以及渔民收入和可持续发展为目标,优化渔业产业结构,转变渔业经济增长模式,实现大连传统渔业发展模式向现代渔业发展模式转型。转变渔业经济增长方式对策主要有以下四方面:

　　1. 控制近海捕捞,发展远洋捕捞

　　渔业监管部门要加大力度控制近海捕捞强度,严格执行伏季休渔制度,加强所辖区域渔船管理。严格执行休渔、禁渔和渔船数量及功率指标"双控"制度,逐步压减近海捕捞能力,建设"负责型"近海捕捞业。同时,积极推进远洋渔业开发与合作,巩固提高过洋性渔业,加快发展大洋性渔业,完善远洋渔业配套体系,建设远洋渔船装备研发建造基地和远洋渔业产品精深加工基地。坚持生态优先、养捕结合,控制近海、拓展外海、发展远洋的战略方针。加快捕捞作业结构调整,推广节能渔船和选择性渔具渔法,减少幼鱼、低值渔获物的比例,促进近海渔业资源的合理利用。

2. 发展优质、健康、高效、生态、集约的现代海水养殖业

推广工厂化养殖,推进海水养殖业健康持续发展。建立生态化、标准化、品种多样化、模式多元化的养殖生产基地。发展近海滩涂养殖技术,合理开发利用大连海岸带的浅海、滩涂,使近海水养殖业向规模化、集约化发展。提升深水大网箱养殖设备与技术,应用目前国内先进技术,提升抗风浪网箱养殖机械化、自动化水平,有效提高网箱养殖生产效率。提升海水养殖系统中的循环水处理技术,降低海水养殖业的自身污染,减轻生态环境压力。

3. 大力发展休闲渔业

促进休闲渔业及其相关产业的快速发展,提升第三产业在大连渔业产业中的比重,以生态旅游等绿色发展模式,带动渔业经济的发展。充分发挥辽东半岛地域和资源优势,以市场需求为导向,结合当地渔区文化、地理特色,打破渔业生产单一性,形成集水产养殖、垂钓、餐饮、旅游度假于一体的新型经营形式,并通过拉长产业链条,促进渔业向第二、第三产业的延伸,使之成为渔业增效、渔民增收的有效途径。全省各地区渔业主管部门应主动加强与其他相关部门的沟通协调,成立专门的负责休闲渔业的协会组织,开展休闲渔业相关指导、协调和服务工作,提供产业信息、业务培训、宣传推广等服务,加强行业自律,促进内部协调管理。

4. 推进海洋牧场建设工程

对黄海、渤海海域进行整体长远规划,在近岸较深海域建设人工鱼礁示范区,达到增殖不同资源品种的效果、充分发挥礁区的示范作用、积极推动加快大连海洋牧场建设的步伐。合理布局,在大连全省

周边海域形成海洋牧场。加快发展新技术、新模式，全面推广海洋牧场建设。以我省辽西海域海洋牧场示范区和大连地区长山群岛海洋生态经济区为典范，鼓励周边地区利用其海岛资源等优势，发展海洋牧场。同时，积极开发先进的生态优化技术、水产生物种苗增殖放流及跟踪技术、苗种培育及选优等技术，改善沿海海域生态环境，为海洋牧场建设提供科技支持。

(三) 改善海域生态环境

改善大连海域生态环境，是我省海洋渔业走可持续发展道路的必然要求。针对目前大连海域生态环境状况，提出以下三点建议：

1. 修复海洋生态系统

多年来，随着捕捞强度的增加，与工业的污染，大连海洋生态系统失衡，海洋渔业资源衰退现象日趋严重，必须采取必要修复措施，利用多种修复手段，逐步修复已受损和遭到严重破坏的大连海岸带的海洋生态环境。各市级管辖区域政府应联合渔业及环保相关部门，对所属海域及海岛周边的自然水域的生物多样性进行修复，对濒临灭绝的海洋珍惜物质加强监控和保护措施，保证海洋生物的数量和质量。加大投资力度，改造海岸带渔场的生态环境，利用投石、人工渔礁、预置框架礁等手段，以改善海洋生物栖息环境，创造绿色的生态栖息地，增加海洋生物资源数量。在渤海湾新建或扩建一批海洋与渔业自然保护区，加大宣传力度，提高人类对海洋生态环境的保护意识。严格执行禁渔区、禁渔期和休渔制度，保护重点渔场资源。加强大连重点渔场、海湾等水生资源繁育区的保护，制定严格的监管措施。

2. 严格控制海洋污染

由于工业和生活污水的大量排放以及突发性海洋污染事故、工程建设项目对鱼类栖息地的严重破坏，再加上高密度的海水养殖生产自身污染严重,对海水污染的控制以及刻不容缓。首先必须从污染的源头控制工业污水、农业污水、城市生活废水以及海水养殖污水的排放,做到以防为主、防治结合。发动治污单位升级治污设施与技术,妥善处理工业废渣和居民生活污水,禁止重金属等有毒物质排放入海,提高工业和生活污水处理效率;对排污企业进行严格管理,将污染排放量与其经济利益挂钩,迫使其采取高新技术手段提高污水自我处理能力,实现清洁生产,入海污水必须达标排放,不达标的企业责令其限期整改,甚至停产关闭,从根本上控制陆源污染。同时,有关部门应严格把控近海船舶海上污染物的排放标准,使船舶油类污染向"零排放"迈进。加大投资,实施海水工厂化养殖污水处理项目,建设污水处理厂,减少污染排放量,改善海岸带渔场水质,合力控制海源污染。

3. 加强海岸带水域环境监测

有效解决海域生态环境问题,必须通过海洋环境监测获得对海洋渔业可持续发展具有指导意义的科学依据和数据支持。借鉴西方发达国家的经验,重视海洋环境监测与评价方法体系的完善和统一、重视水体的富氧化评估、重视海洋生态环境状况的检测和综合评估、重视污染源的检测、强调海洋环境监测和评价的区域特征,健全大连水域环境质量检测体系和渔业资源调查与评估机构。政府应当在财力、物力、人力上为渔业环境监测制度的建立和完善提供保障,各部门要进一步做好对海洋渔业环境监测与评估,同时也应做好对赤潮、石油泄漏等的检测工作,并及时清除海上垃圾、油污等,为海洋渔业创造良好的生态环境。

(四) 提高产品加工能力

目前大连水产品加工企业众多,以中小企业为主,产品种类单一、生产技术相对落后,加工能力薄弱,应加大投资力度,加速提高大连水产品加工能力。

1. 重点发展水产品精深加工业

发展多元化海产品加工模式,加大对即食、休闲、保健、医药等高技术含量、高附加值产品的加工技术投入,以满足当今市场需求。加强对海产品精深加工技术的研究,增加高端加工产品在海产品加工产量中的比重。重点培育发展大连自主品牌的国家级、省级名优品牌产品,提倡发展有机海产品、绿色海产品、无公害海产品。完善海产品包装、保鲜技术,增加海产品的销售时间,获得更大的经济效益。

2. 引进开发先进技术设备,提高企业加工效率

随着当前科学技术水平飞速发展,应当努力实践,深入探索,借鉴国际先进水平,将高科技的设备与技术应用于大连水产品加工行业,加强水产加工企业技术改造,提高水产保鲜水平。企业应当注重培养科技人才,用技术提高生产效率,保证生产质量。完善现代冷链物流体系建设,提高海产品运输技术,在海产品运输过程中建立冷藏链,减少运输成本,提高运输质量,避免运输问题带来的损失。促进加工、仓储、物流协调发展。

3. 树立产品质量意识和品牌意识

水产品加工要实现标准化,产品安全质量要与国际接轨,完善对水产品加工企业质量监管体系,加大法制宣传力度,进一步完善水产品安全质量标准化体系,与安全生产规范体系。强化食品卫生安全检测技术,防止农药残留和违法添加剂的使用。加强食品安全信息通报和处理,卫生行政部门不能及时向社会通报发现的非法添加到或者可能添加到食品中的化学物质和其他危害人体健康的物质,及时披露海洋食品安全信息,以规范加工企业的标准化生产。

(五) 改进渔业装备设施

渔业生产力要达到先进水平,装备的现代化是重要的前提。渔业

装备设施主要包括捕捞设施,海水养殖设施和水产品加工设施。大连目前的渔业装备设施与世界先进水平相比,在多数领域还存在着比较大的差距,在大连海洋渔业转型的大背景下,渔业生产必须向高质量、高效益的水准迅速发展,大连渔业装备设施的改进任重道远。

1. 升级捕捞装备

从当前现状来看,大连捕捞渔船尤其是近海捕捞渔船船龄偏大、设备陈旧、安全性差,亟需升级。当务之急,不光要发展大型渔船,也应升级改造中小型渔船,以满足近海捕捞的需要。要加快实施海洋捕捞渔船升级改造,逐步淘汰老、旧、木质渔船,推进大中型渔船钢制化、小型渔船玻璃钢化;升级渔船助航仪器和救生消防设备,提高渔船安全性能;升级改造渔网、渔具等捕捞设施,实现捕捞装备现代化,以提高捕捞效率;发展多用途作业渔船,有效减少海上机动船数量,节约能源、降低排放、减少污染,减轻生态环境压力。

2. 提升养殖装备

发展集约化、规模化、工厂化的海水养殖业,养殖装备设施的升级必不可少。现代渔业要求升级采用占用资源少、养殖产出高的机械化养殖设备与系统。同时,降低海水养殖系统的污染程度,优化海水养殖一体化处理系统,整合高效水处理工艺及设备,保证90%以上的水体循环利用,保持水质环境,提高单位水体生产力并满足鱼类快速健康生长的需要。投资引进深水抗风浪大网箱养殖设备,能有效减轻近岸养殖水域环境压力,拓展养殖区域,提高养殖水产品质量。

3. 改进加工装备

大连海岸带水产品加工企业主要以中小企业为主,其生产加工设备比较落后,多数以传统加工方式为主,各地政府应大力扶持渔业中小企业,加大投资力度,引进国内外先进设备与技术,提高水产品生产加工硬实力。要不断提高原始创新、集成创新和引进吸收再创新能力,提高大连水产品加工能力、生产效率,为推进渔业现代化建设和实现渔业可持续发展发挥更大的作用。水产品加工设备应向机械化、精准化、高值化、信息化发展,提高生产效率、保证产品品质与安全,实现加工规模化与产业化。将现代化加工技术实践应用在装备上,以转变由旧装备无新技术、有新技术无新装备的现状。

通过海珍品高值化加工装备研究,形成成套的技术与设备,提高海参、鲍鱼等养殖海珍品的规模化加工水平。通过对虾加工机副产品综合加工技术与关键设备研究,开发虾加工关键设备,有效分离和利用虾头中的蛋白质等营养物质,促进虾产业发展。鼓励各科研单位在大宗水产品加工技术领域,研制关键技术与装备,进一步提高水产品精深加工、提高综合利用价值,促进水产品工业的发展。

第六章　大连海洋牧场发展建设

　　海洋牧场作为一种集生态优化、资源养护、环境友好为一体的新型渔业生产方式,近年来得到了世界海洋国家的高度重视。所谓海洋牧场是利用现代科学技术支撑,运用现代管理方法进行管理,实现生态健康、环境优良、资源丰富、产品安全的现代渔业生产方式。建设海洋牧场就是在海域(水域)内利用人工鱼礁、人工藻场等工程的方法,修复和优化水域生态环境,通过放流健康鱼贝类种苗补充资源量,同时通过现代海洋牧场新技术的应用,实时监测海洋环境因子的变化,采用环境友好和选择性渔具进行渔业生产,使海域的生态、环境、资源与生产处于良好的平衡状态,保障该海域可持续生产优质海产品,同时也可为发展休闲渔业、垂钓观光等第三产业创造自然条件。科学建设现代海洋牧场,会使传统的渔业焕发活力,产生显著的生态效益、经济效益和社会效益,更能使辽阔无垠的水域变得更加健康、美丽、富饶。

一、国内外海洋牧场发展现状

(一) 国外海洋牧场发展现状

　　近半个世纪以来,海洋牧场作为一种新兴的生态型渔业生产系统受到了国内外的广泛重视。人们在海洋牧场区域内,建设适应水产生物生态的人工生息场,采用增殖放流或移植放流的方法将生物种苗经过中间育成或者人工驯化后放流入海,利用海洋自然生产力和微量投饵育成,采用行为控制技术和环境监控技术对其进行科学管理,使资源量增大,并有计划地、合理地进行渔获,保证海域的生态环境良好、生物资源可持续利用。

世界海洋国家先后提出海洋牧场建设计划,日本、美国、俄罗斯、挪威、西班牙、法国、英国、德国、瑞典、韩国等均把海洋牧场建设作为振兴海洋渔业经济的战略对策,政府高度重视,社会力量积极参与,不断加大资金和科技力量投入,开展人工育苗放流,恢复渔场基础生产力,收到了明显成效。

海洋牧场的构想最早是日本在 1971 年海洋开发审议会上提出的。之后,在 1973 年的冲绳国际海洋博览会上,日本又提出:为了人类的生存,在人类的管理下,谋求海洋资源的可持续利用与协调发展。1978—1987 年开始 实施了"海洋牧场"计划,并建成了世界上第一个海洋牧场——日本黑潮牧场。日本将栽培渔业经费列入每年的政府预算,与大路、桥梁一样,作为基础设施建设,仅每年投到人工鱼礁的资金就达 589 亿日元(折合人民币 42 亿元)。经过几十年的努力,日本沿岸 20%的海床已建成人工鱼礁区。此外,日本水产厅还制定了"海洋牧场"的长远发展规划,其核心是利用现代生物工程和电子技术,在近海建立"海洋牧场",通过人工增殖和吸引自然鱼群,使得鱼群在茫茫大海中也能像草原里的羊群一样,随时处于可管理状态,并向着人们希望的方向发展。

韩国于 1982 年曾推进过沿岸牧场化工作,1994—1995 年组织了沿岸渔场牧场化综合开发计划,主要进行了人工鱼礁设施、人工种苗放流渔场环境保护等研究。1994—1996 年进行了海洋牧场建设的可行性研究,并于 1998 年开始了"海洋牧场计划"。在庆尚南道统营市首先建设了核心区面积约 20 平方公里的海洋牧场(2007 年 6 月竣工),取得了初步成功。此外,该计划分别在日本海、对马海峡和黄海,分别建立了 5 个大型海洋牧场示范基地 ,有针对性地开展特有优势品种的培育,在形成系统的技术体系后,逐步推广到韩国的各沿岸海域。

美国在 1968 年提出建设海洋牧场计划，1972 年付诸实施，1974 年在加利福尼亚海域利用自然苗床，培育巨藻，取得效益。

挪威于 1992—1998 年以扇贝、日本龙虾、大马哈鱼、鳕鱼为对象进行了海洋农牧场工作。

加拿大于 1995 年开始进行海洋牧场化的基础技术研究工作。

世界海洋牧场建设正在高速发展中，已形成了具有世界意义的新型渔业运动浪潮。1995 年，国际水生生物资源管理中心的公报上提到"海洋牧场是最可能极大增加鱼类和贝类产量的渔业方式"。东京行动计划发表声明"在内陆水域和海洋水域内的资源增殖技术和知识在迅速地传播"。澳大利亚也制定了"通过资源增殖以提高渔业产量的潜力"国家级的水产发展战略。

世界海洋牧场研究正趋向于生态——经济效益综合评价，增殖品种生物学与生态学特性研究，基于生态系统的渔业管理，鱼礁诱鱼技术与声、光、电控鱼技术的融合等方面，而且从单纯资源增殖扩展到养殖用苗、改善养殖水域环境、栖息地修复和休闲渔业、科学研究等领域，成为世界渔业科学与渔业经济新的生长点。

（二）国内海洋牧场发展现状

从 20 世纪 50 年代，我国科学家就提出"种鱼、种海、水里的农牧业、人工增殖"等发展海洋农牧化的设想。如今，国内海洋牧场已经形成建设共识"在人工鱼礁基础上，进行资源增殖放流"，并将养殖元素、海藻场修复、休闲渔业融合进海洋牧场建设，积极吸引企业参与海洋牧场建设后期管理维护，创造产业价值目前，海洋牧场在我国尚处于初级发展阶段，但是行业部门参与建设的积极性很高，尤其是在北方，民间企业参与建设热情高涨。可以预见，我国海洋牧场将步入高速增长期，实现几代人耕海牧渔的梦想。

我国知名院士曾呈奎先生于 1981 年就提出了"海洋农牧化"的设

想,把对渔业资源的增殖和管理分为"农化"和"牧化"两个部分与过程,"农化"即 20 世纪 80 年代后期兴起的海水养殖业,"牧化"则是指海洋生物的人工放流。20 余年来,我国沿海各地在对虾、牙鲆等品种的人工放流和投放人工鱼礁等方面开展了大量工作,取得了一定的成效,但仅靠少数品种的放流和投放人工鱼礁,尚不足以有效地改变渔业资源匮乏和沿岸养殖水域环境恶化等状况,发展海洋牧场则是更加有效的途径之一。

20 世纪 60 年代末,我国海洋渔业资源量因捕捞过度、栖息地破坏出现严重衰退。进入 21 世纪以来立足于落实《中国水生生物资源养护行动纲要》要求,以政府行为推进我国海洋牧场业的发展。2008—2009 年度的我国海洋牧场建设总投资逾 8 070 万元,总建设面积达 3 770 公顷,包括辽西海域海洋牧场、大连獐子岛海洋牧场、秦皇岛海洋牧场、长岛海洋牧场、崆峒岛海洋牧场、海州湾海洋牧场、舟山白沙海洋钓场、洞头海洋牧场、宁德海洋牧场、汕头海洋牧场等 20 余处。人们通过投放人工鱼礁,不仅阻止了对资源具有强大杀伤力的底拖网作业,又能营造人工生态系,提高海域的生产力,形成适宜游钓、刺网等作业方式的优良渔场。实践证明,这是保护和优化海洋生态环境的最有效的途径之一。同时,开展人工鱼礁建设还能使被淘汰的废旧渔船的残值得到利用,为渔民转产转业提供一个"软着陆"的环境,带动旅游业等相关产业的发展。

我国海洋牧场试验及建设可分两种类型:一种是以政府行为在原先人工鱼礁与增殖放流基础上发展起来的,这类海洋牧场一般以基于安排"双转"渔民就业、发展休闲渔业、修复渔业资源等社会公益型事业为目标;另一种是民间企业在承包海域实施底播增殖,这种生产方式一般在海域确权明确的北方,生产种类也集中在海参、鲍鱼、扇贝等海珍品。近年来,也有将养殖元素作为我国海洋牧场特点之一,如惠州海洋牧场结合了贝藻类立体养殖方式,秦皇岛海洋牧场则把海珍品增殖、藻类增殖、底栖鱼类增殖结合起来,海藻增殖不仅能为鲍鱼、海参提供饵料基础,其本身也能改善水质和用作鱼类饲料。北方的海洋牧场一般选择在当地企业承包海域,并结合海珍品增殖的生产方式,所以民间参与积极性较高,苗种采购、鱼礁运输与投放等费用基本由建设单位自筹解决。总之,无论是南方还是北方,以政府行为推动的海洋牧场,其管理主体大都交给企业,让企业参与海洋牧场的管理经营,发挥海洋牧场产业价值,并兼顾安排"双转"渔民就业。

当前,海洋牧场技术体系已分成了苗种育苗、种苗繁育、中间暂养、育成管理、资源回捕、加工销售等产业环节,其中遥感、卫星观测、声光电控鱼等先进技术也被大量应用,还应用了纳米材料、基因工程等最新研究成果。

产业链中苗种育苗、种苗繁育等环节,我国已经有了较为成熟的技术基础。鱼、虾、蟹、贝、藻、棘皮类等 80 余种常见增殖种类已经实现批量化生产。而国内有近 100 万个网箱,足够满足中间暂养环节技术要求。育成管理方面,国内有"人工鱼礁生态增殖及海域生态调控技术""东海区重要渔业资源养护工程技术研究与示范""东海区名特优种类增殖放流技术开发与示范"等大型课题,围绕人工鱼礁的物理环境造成、人工鱼礁抗滑移抗倾覆、人工鱼礁生态诱集、资源增殖技术、资源增殖评价等核心问题展开。至于资源、回捕和加工销售等产业环节,海珍品类产品可采取潜水捕捞,而鱼类只能通过行为控制技术来达到。这方面研究国内有很多,如"一种鱼类声光电行为试验装置""一种网具运动鱼类行为试验装置",但是生产上还有待实践。同时,还有一些专利计划将增养殖设施沉到深海中,用以增殖藻类、海珍品等,如"深海和精养鱼的渔场""海洋植生物人工养殖场""海洋附着性植生物观测培植器""海洋人工森林牧渔场"等发明。

生态系统动态规律对育成阶段的苗种相当关键。国内"东、黄海生态系统动力学与生物资源可持续利用""我国近海生态系统食物产出的关键过程及其可持续机理"则是大海洋生态系统研究的良好开端,而小型尺度和中型尺度生态系统研究以及生态学机制研究也正在逐步深入。

二、大连海洋牧场建设现状

(一) 大连海洋牧场建设条件

1. 优越的自然环境

大连地处辽东半岛最南端,介于东经 120°58′至 123°31′、北纬 38°43′至 40°10′之间,属北半球的暖温带地区,具有海洋性特点的暖温带大陆性季风气候特征,气候条件非常适合海水经济动植物生息繁衍。大连年自然海水水温在－1～27 ℃左右,盐度在 25‰～32 ‰之间,营养盐丰富,浮游生物含量高,具有发展海水养殖业得天独厚的自然地理条件。

2. 良好的海域条件

大连东临黄海、西临渤海。本区海洋功能区划面积 2.9 万 km²,其中浅海面积 28 480 km²,滩涂面积 520 km²。全市岛屿 226 个,港湾30 余处。大连海岸线总长 2 211 km,浅水岸线约 700 km,深水岸线约300 km,国家级、省、市级海洋自然保护区 10 余处。海洋自然景观100 余处,海水浴场资源 50 余处,海洋旅游资源条件优越。

3. 丰富的生物资源

大连濒临我国北方著名两大近海渔场——渤海辽东湾渔场和黄海北部海洋岛渔场。大连海洋生物共 172 科、414 种,鱼、虾、贝、藻等经济生物及海洋、滨岸、岛屿珍稀生物种类繁多,资源量大,优势种为刺参、紫海胆、中国对虾、中国毛虾、三疣梭子蟹等;海洋植物 42 种,优势种为海带、裙带菜、鹿角菜、裂叶马尾藻等;海珍品在国内外享有盛誉。

(二) 大连海洋牧场建设基础

1. 海水增养殖海域牧场化起步早

大连海水养殖业牧场化发展方式历史久远。早在 20 世纪 80 年代初期,大连就在海洋岛渔场、大连湾等海域开始了人工鱼礁投放。90 年代初,开始大规模人工鱼礁建设。90 年代末期开展近岸海域牧场化建设开发技术研究。2000 年以来,大连继续加大人工鱼礁建设力度,礁体投放海区的生态环境得到改善,海珍品产区生物量达到历史性的倍增。大连市长期以来持续开展增殖放流,中国对虾增殖放流连续实施 26 年,日本对虾增殖放流连续 7 年,初步形成以两虾(中国对虾、日本对虾)为主,鱼、蟹、贝为辅的增殖放流新格局。从 21 世纪初开始,大连率先进行国家级海洋牧场建设,大连獐子岛渔业集团被农业部授予"全国休闲渔业示范基地暨獐子岛海洋牧场休闲渔业示范基地称号"。

2. 人工鱼礁投放生态效应显著

至 2013 年全市已形成 110 处人工鱼礁区,投入建礁资金 12.7 亿元,投放各种鱼礁 930 万 m^3,人工鱼礁区 27 万亩。礁区生态环境得到明显改善,特别是以海参、鲍、海胆等海珍品海洋牧场,大泷六线鱼、许氏平鲉等土著鱼类增殖效果十分显著,海参、海胆等海珍品资源得到有效恢复。

3. 增殖放流有效恢复渔业资源

截至 2012 年年底,全市放流各类苗种 60.7 亿尾(粒),累计投入资金 1 亿元,回捕水产品产量 1.1 万吨,直接增加渔民收入 10 亿元。通过生物苗种增殖放流,幼体资源得以补充,促进了渔业种群资源恢复,渤海和黄海北部部分海域多年不见的中国对虾、海蜇、梭子蟹等渔汛又逐步形成。

4. 牧场技术研发走在全国前列

大连市聚集较雄厚海洋渔业开发研究力量,大连海洋大学、辽宁省水产科学研究院、国家海洋环境监测中心等高校和科研院所,开发推广了一大批先进、成熟的海洋生物工程、海洋生态工程、海洋工程装备的新技术。大连海洋大学拥有省级工程中心——辽宁省海洋牧场工程技术研究中心,海洋牧场科技研发方面走在全国前列,研发的国内首台具有自主知识产权的音响驯化仪,对野生鱼类进行行为驯化和控制取得了阶段性成果。

(三) 大连海洋牧场建设成就

1. 产业结构得到优化

通过几年来海洋牧场建设的不断推进,大连渔业企业不断对传统增养殖生产进行升级创新,不断增加水产养殖品种,积极探索新的增长点,促进了集海上观光、休闲垂钓、潜水采捕、特色餐饮等多功能于一体的海洋牧场产业多元化发展。五年来,大连渔企自主培育新品种3个,引进新品种8个;新建省级良种场10家,5家企业获农业部国家及良种场批复建设;5家企业获全国休闲渔业示范基地荣誉称号。

2. 渔业资源得到修复

大连长期坚持渔业资源增殖放流,其中中国对虾增殖放流连续实施近30年,车虾增殖放流连续8年,尤其近三年渔业增殖放流力度不断增大,已初步形成了以两虾(中国对虾、日本对虾)为主,鱼、蟹、贝为辅的增殖放流新格局。近5年来,实际放流数量88亿尾,回捕产量1.5万吨,实现产值12亿元,直接投入产出比1:10以上,惠及捕捞渔民4.5万人,渔民人均年增收达万元以上。

3. 海洋生态得到改善

大连于90年代开始就开展了海洋牧场的实验性投入,财政支持人工鱼礁项目自 2007 年农业部批复大连项目资金开始。2010 年以来,大连市加大了人工鱼礁建设力度,至 2013 年全市已形成 110 处人工鱼礁,投入建礁资金 12.7 亿元,投放各种鱼礁 930 万 m³,改造海底 27 万亩。特别是以獐子岛为代表的大型渔业龙头企业,近年来通过投放人工藻礁进行藻场建设,在优化海洋生态环境,养护渔业资源的同时,为带来了丰厚的经济效益、生态效益和社会效益。

4. 保障能力显著提高

截至 2013 年,改扩建 3 座中心渔港、6 座一级渔港和 65 座中小型渔港,为重点渔港和 40 马力以上渔船配备 1.8 万台套安全避碰和通讯救助设备。新建 24 个国家及省级水产原良种场、6 家县级水生动物疫病防治站,改扩建市级水产品质量安全检验中心和海洋渔业环境监测中心。建立市级渔业安全救助信息系统,纳入渔业互保渔民 9.02 万人次。

三、大连海洋牧场建设指导思想、基本原则及 总体目标

(一) 指导思想

以生态文明建设和海洋强市战略为指引,围绕宜居生态城市建设,以加快海洋渔业发展方式绿色化为主线,坚持生态修复与资源利用相结合,经济效益、生态效益、社会效益相统一原则,保护近岸生态系统,促进海洋渔业产业转型升级,通过实施生物技术引进和生态技术工程、生态型鱼礁建设和栖息地改造工程、增殖放流和增养殖品种更新优化工程、新型业态开发和产业链高端化工程,打造东部黄海综合牧场区、黄海参贝鱼类牧场区、南部市民休闲牧场区、渤海参贝鱼类牧场区为空间载体的规模化的国家级的海洋牧场,推进近海海域的牧

场化、生态渔业的工程化、海洋牧场的现代化,循序走向生态系统水平管理,实现全市海洋渔业持续健康发展。

(二) 基本原则

1. 依法规划,规范建设

按照《渔业法》《辽宁省海洋功能规划(2011—2020)》等法律法规要求,贯彻"节约资源、保护环境"的基本国策,以促进修复和优化生态环境、养护增殖渔业资源、合理开发利用渔业资源、保障渔业可持续发展为目标,实现海洋牧场建设和管理的规范化、制度化。

2. 统筹布局,分步实施

坚持集中集约适度用海,注重建设成效,多种机制确保生态效益、社会效益、经济效益协同发展,全方位保障建设效果,加快渔业增长方式由粗放型向集约型的转变。调动地方及集体的积极性,在明确海域使用权与收益分配前提下,多渠道筹集资金,确保海洋牧场建设的完整性及连续性,建立投入产出机制。

3. 突出重点,循序渐进

突出重点海洋牧场示范区建设,在重点示范区建设的基础上,循序渐进,稳步扩大海洋牧场建设范围和规模,点面结合,逐步实现大连沿海海域渔业生产牧场化。

4. 因地制宜,科技支撑

充分发挥本地海域资源优势和科技优势,因地制宜,科学规划和建设本地海洋牧场,促进渔区经济稳步发展。海洋牧场建设与管理技术内涵丰富,高度重视海洋牧场理论与技术研究,应用已有的科技成果,为海洋牧场科学规划、科学建设和科学管理提供支撑。加强与国民经济和社会发展规划纲要和专项规划等的衔接融合。

5. 创新管理，公众参与

采取多种方式和渠道，征求社会各界意见，反映渔民及群众意愿，扩大公众参与，充分发挥民主，增强规划修编的公开性和透明度，进一步提升公民开发海洋、保护环境、保护资源的意识。

(三) 总体目标

到 2020 年，全市海洋牧场建设面积达到 100 万亩以上，海洋牧场示范区内生物资源量增加 30％以上，生物多样性提高 10％以上，主要经济品种的产量提高 20％以上，并可持续生产。人工鱼礁生物生息建设场面积约为 100 万亩，海藻场 5 万亩；增殖放流 200 亿尾（头）；育苗室水体 200 万立方米，生态育苗设施 10 万套；筏式养殖设施 20 万台；配套建设健康苗种繁育基地 4 个以上，产品精深加工基地 6 家以上，建立音响驯化系统 5 套以上，海上环境因子实时在线监测分析系统 10～15 套，完成信息系统管理平台建设。建设现代化渔港及物流配套设置、科技服务支撑体系及物联网服务平台。实现海洋牧场示范区内资源丰富、环境优良，为全域现代海洋牧场化提供示范，重点品种形成产业化发展态势，渔业生产转型卓有成效，渔民转产转业稳步推进，一、二、三产业格局初步形成，生态效益、经济效益和社会效益进一步显现。

到 2050 年，实现大连市沿海海域牧场化，建设现代海洋牧场面积约为 1 000 万亩。海洋渔业的生产、环境、生态、资源、安全基本实现可控、可测、可持续；一、二、三产业协调稳步发展；沿海海域呈现碧海蓝天、鱼肥水美的景象，成为美丽大连新的海洋生态文明名片。

四、大连海洋牧场建设布局及主要任务

(一) 东部黄海综合牧场区

1. 片区海域范围

东至庄河市石城岛、王家岛,西至长海县广鹿岛,北至经过大长山岛北端与对应的大陆岸线平行的直线,南至海洋岛、獐子岛外的机轮拖网禁渔线所围合的海域。

2. 海域底质及主要生物特点

长山列岛核心区海域底质为岩礁、泥沙和砾石,在岛侧、岛端、岛间的附近海底底质类型为中砂,海底表层主要由砾砂(贝壳砂)和砾砂泥组成,较深海域的底质类型为粒径最细的粉砂质黏土。水深5~30米,水流通畅,岩礁面积较多。海洋水文条件良好,年海水水温4至26 ℃,整个海域冬季不结冰,无流冰,透明度5至12米,盐度平均31.6,pH值7.8左右,潮汐海流为半日潮往复流,流速50~90 cm/s。各岛平均潮差一般在2.5~3米,最大平均潮差3.5米。

长山列岛海域是海洋岛渔场的核心区域,是闻名遐迩的渔场。鸭绿江、大洋河、庄河及碧流河四大水系径流入海,海域有机物丰富,生物种类繁多,渔业资源十分丰富,是许多经济鱼虾产卵、索饵的天然场所,有多种常见经济价值较高的水生动物,盛产小黄鱼、带鱼、蓝点马鲛、鲆鲽等鱼类,中国对虾、三疣梭子蟹、日本鲟等虾蟹类,头足类和腔肠类动物,浅海海底和滩涂广泛分布有海参、贻贝、扇贝、魁蚶、杂色蛤、牡蛎、皱纹盘鲍、海胆等底栖生物,沿岸海域有裙带菜、羊栖菜、鼠尾藻、裂叶马尾藻等多种藻类。

3. 建设发展方向

该区域为综合性海洋牧场区,建设藻场及以底播贝类、刺参、鲍等海珍品,以及深水鱼类资源养护等底播生产、资源保护、运输加工及休闲观光为一体的综合性牧场区。

(1)海面规划区。长海县海面海洋牧场建设方式主要以浮筏养殖为主,网箱为辅。通过降低浮筏养殖面积、积极推广网箱使用,合理海面布局,达到恢复受损海面生态环境,有效提升海域海面使用效率的目的。规划为网箱增养殖区、浮筏增养殖区两部分。

网箱增养殖区:浅水网箱主要增养殖近岸洄游性鱼类,主要分布于广鹿岛、大长山岛、小长山岛的周边海域,为水深小于30米,到2020年规模达到1 500个网箱,预期产值1.0亿元;深水网箱主要增养殖深水大型鱼类,主要分布于獐子岛、海洋岛周边水深大于30米海域,网箱排列与流向相适应,到2020年,规模达到300组,预期产值10亿元。

浮筏增养殖区:用于滤食性贝类的养殖、大型藻类及大型藻类与贝类的混养,及海珍品苗种的天然保育等。在现有浮筏区域范围的基础上不再进行确权,逐步实现"从海面向海底"的转变。贝类浮筏增养殖区,主要分布于大长山东北部、小长山南部、广鹿岛周边海域,贝类浮筏增养殖采取笼式、吊耳等养殖模式,对扇贝、鲍鱼、牡蛎等海珍品种类进行增养殖,到2020年,面积降为5 000公顷,预期产值9亿元。贝藻套养区,主要分布于大长山北部、广鹿岛南部海域,实施海带、裙带菜、扇贝、鲍鱼等种类增养殖,到2020年面积降为2 000公顷,预期产值9亿元。海珍品保育区,主要分布于广鹿岛南侧、哈仙岛周边、塞里岛北侧海域,采用小型网箱对海珍品进行保育,天然育种海参、鲍鱼、扇贝、魁蚶等种类,到2020年面积维持不变,预期产值7亿元。

(2)海底规划区。长海县海域沉积物主要分为砾及砾砂泥混合沉积物、砂类沉积物、泥砂混合沉积物、泥类,水深在0~60米之间,适宜不同底栖生物的生长与繁殖,目前海洋牧场建设主要方式以底播增养殖为主,人工鱼礁为辅。规划中在扩大底播增养殖面积的同时加大对人工鱼礁的投放。

底播增养殖区:适宜魁蚶等底播增养殖区。主要分布于广鹿岛南部、獐子岛西部海域。适宜底播的种类主要是魁蚶、紫石房蛤等,到2020年底播面积达到15万公顷,预期产值20亿元;适宜鲍鱼、海胆等底播增养殖区。主要分布于小长山岛、海洋岛东部、獐子岛周边海域。适宜的底播种类主要是鲍鱼、海胆等附着刮食性种类,到2020年底播面积达到4万公顷,预期产值8亿元;适宜海参、海肠等底播增养殖区。主要分布于广鹿岛南部、大长山岛、小长山岛周边海域。适宜的底播种类主要是海参、单环刺螠(海肠子)等附着舔食性种类,到2020年底播面积达到10万公顷,预期产值45亿元;适宜扇贝等底播增养殖区。主要分布于獐子岛、海洋岛周边海域。适宜的底播种类主要是虾夷扇贝、大西洋扇贝等底层滤食性种类,到2020年底播面积达到18万公顷,预期产值22亿元。

人工鱼礁区,主要类型为生态公益型人工鱼礁、渔业开发型人工鱼礁、休闲渔业型人工鱼礁。适宜的聚集种类主要是黑鲪、大泷六线鱼、鲆鲽类等恋礁型鱼类。分布区域在大长山岛的南部、小长山岛的东部和南部、塞里岛周边、广鹿岛北侧、獐子岛与褡裢岛东侧、海洋岛东侧。到2020年面积达到1.6万公顷,预期产值8亿元。

(3)休闲渔业区。主要功能区包括水上运动区、渔业缓冲区、海上游钓区、休闲渔业预留区。规划范围包括长海县全海域沿岸1海里以内海域。到2020年预计产值达到65亿元。

(4)保留区。为渔业缓冲区,区域为獐子岛东、西、南侧区域及海洋岛周边海域。主要功能是满足长海县海域对苗种的需求,同时满足当地居民生活用海和开展"渔家乐"体验休闲旅游需要。休闲渔业预留区,沿岸1海里内区域,除水上运动区、海上游钓区、国家海洋公园区外均为休闲渔业预留区。

(二) 黄海参贝鱼类牧场区

1. 片区海域范围

东至东港市菩萨庙镇小王家屯,西至金州大李家街道,南至机轮拖网禁渔线,除长山列岛核心区以外的黄海北部近岸海域。

2. 海域底质及主要生物特点

该核心区海域底质多为泥质或泥沙质,海水盐度30左右,潮汐为正规半日潮,全年海水温度基本在0~25 ℃,海流为气旋环流。

该区域生物种类繁多,是许多经济鱼虾产卵、索饵的天然场所,有多种常见经济价值较高水生动物,有小黄鱼、带鱼、蓝点马鲛、鲆鲽鱼、中国对虾、三疣梭子蟹、日本鲟、乌贼等多种鱼类、虾蟹类、头足类和腔肠类动物,渔业资源十分丰富。

3. 建设发展方向

本区包括普兰店、庄河沿海在内的黄海北部海域,建设以滩涂贝类、刺参、鱼类的增养殖为主,以市民赶海采贝(亲海玩海、休闲娱乐)等为辅的黄海参贝鱼类海洋牧场区。

(1)港圈围海养殖区。利用建设在潮间带区域的海水池塘、港池等设施开展海珍品养殖生产的区域,规划区由海岸线至零米等深线滩涂潮间海域,主体是现有的围海形成的港圈。该区以标准化港圈高效健康养殖模式为主,兼顾苗种繁育设施建设,主要养殖的种类为海参、海蜇、甲壳类、贝类、鱼类等。

庄河共规划3个港圈养殖区。青堆子湾港圈养殖区:规划面积5 000公顷。该区营养盐丰富,理化因子正常,水流畅流。主要养殖种类有海参、海蜇、南美白对虾、中国对虾、日本对虾、三疣梭子蟹、杂色蛤、美洲帘蛤等。大郑港圈养殖区:规划面积2 000公顷。该区营养盐丰富,理化因子正常,水流畅流。主要养殖种类有海参、南美白对虾、中国对虾、日本对虾、三疣梭子蟹、海蜇、杂色蛤、美洲帘蛤等。磨石房港圈养殖区：规划面积 2 000 公顷。该区营养盐丰富，理化因子正常，水流畅流。主要养殖种类有海参、南美白对虾、中国对虾、日本对虾、三疣梭子蟹、海蜇、杂色蛤、美洲帘蛤等。

普兰店市围海养殖区。规划面积共计约 14 177 hm²，分三个区域。一区为皮口港东部围海养殖区，位于《辽宁省海洋功能区划》(2012.10)中的碧流河口保留区及其南侧农渔业区，外侧规划至等深线－2 m，外缘线距岸约 8 km，海域面积 10 782 hm²。二区为皮口港西部围海养殖区：位于《辽宁省海洋功能区划》(2012.10)中大刘家保留区及其东南侧农渔业区，外侧规划至等深线－2 m，外缘线距岸约 4 km，海域面积 3 089 hm²。三区为平岛周边围海养殖区：位于《辽宁省海洋功能区划》(2012.10)中长山群岛农渔业区，外侧规划至等深线－2 m，外缘线距岸约 4 km，海域面积 306 hm²。

围海养殖的一区、二区大部分在《辽宁省海洋功能区划》(2012.10)的保留区中，部分在农渔业区中。功能区划要求：保留区对区划实施前已改变海域自然属性的用海区域，进行开发利用要经过严格论证；农渔业区内围海养殖控制在现有规模，支持现代渔业和海洋牧场发展。本次规划由于保留区基本被围海养殖占用，原则上维持现状，限制开发；农渔业区被围海养殖现状占用较少，本次规划也不外延。三区位于《辽宁省海洋功能区划》(2012.10)长山群岛农渔业区和平岛旅游休闲娱乐区内，规划时原则上维持现状。围海养殖区应以刺参养殖为主导产业，形成普兰店市养殖业的核心增长点。

（2）滩涂养殖区。包括青堆子湾滩涂养殖区、蛤蜊岛东部滩涂养殖区、大郑滩涂养殖区等。

（3）底播养殖区。底播养殖区，规划区由 2 米至 10 米等深线海域，大面积的泥质海底是底栖生物良好的栖息繁衍环境，为良好的水产品养殖区。该区以滩涂贝类和浅海底播增殖为主，根据水深地形条件,也可进行浮筏、网箱等海面养殖,主要养殖的种类为杂色蛤等贝类、魁蚶、海参等。共规划 4 个底播养殖区。青堆子湾底播养殖区:该区域受地形和河流径流影响,温度年较差较大,盐度较低;底质类型属于软相底质,以粉砂为主。适合增殖种类有菲律宾蛤仔、青蛤、四角蛤蜊、中国蛤蜊、文蛤、毛蚶、魁蚶、美洲帘蛤。石城岛东部底播养殖区:该区域受地形和河流径流影响,温度年较差较大,盐度较低;底质类型属于软相底质,以细砂为主。适合增养殖种类有菲律宾蛤仔、青蛤、四角蛤蜊、中国蛤蜊、文蛤、毛蚶、魁蚶、美洲帘蛤。石城岛西部底播养殖区:适合增养殖种类有菲律宾蛤仔、青蛤、四角蛤蜊、中国蛤蜊、文蛤、毛蚶、魁蚶、美洲帘蛤。普兰店皮口外海底播养殖区:普兰店市底播养殖规划一个区域,面积约 3 210 hm²。底播养殖区位于《辽宁省海洋功能区划》(2012.10)中的长山群岛农渔业区,皮口港东侧围海养殖区南侧海域,外侧规划至等深线－12 m,外缘线距海岸线约 10 km。底播养殖区以菲律宾蛤仔为主要养殖品种,兼顾缢蛏、牡蛎、毛蚶等品种,采取人工苗种干预,促进增殖渔业的发展。

(4)海岛立体养殖区。规划区主要位于庄河港航道南侧,石城岛西南部至大、小王家岛东南的海岛周边海域。该区域受地形影响,温度年较差较大;营养盐丰富,透明度小,浮游生物量大,适合海湾扇贝、栉孔扇贝、虾夷扇贝、牡蛎、贻贝等种类的浮筏养殖和红鳍东方鲀、黄条鰤、黑鲪、大陇六线鱼等种类的网箱养殖。适合增殖种类有海参、菲律宾蛤仔、青蛤、四角蛤蜊、中国蛤蜊、文蛤、脉红螺、毛蚶、魁蚶、美洲帘蛤等经济贝类和牙鲆、大菱鲆等底层鱼类及放流对虾。

(5)人工鱼礁及深水生态养殖区。以长山群岛、平岛为依托,建设人工鱼礁区,规划面积约 1 548 hm²。人工鱼礁区位于《辽宁省海洋功能区划》(2012.10)中的长山群岛农渔业区,平岛周边围海养殖区南侧海域,外侧规划至等深线－12 m,外缘线距平岛约 5 km。该区以养殖刺参为主导产业,兼顾扇贝、海螺等品种,通过投放人工构件礁体,形成海珍品增养殖和资源保护型人工鱼礁区。

以王家岛为依托,在王家岛东部至庄河东港海域界线终点的10 m等深线以外深水海域进行人工鱼礁建设、浮筏养殖、网箱养殖、深水底播等多种养殖方式开发。从养殖用海管理上应采取海域使用金减免、增加用海年限等政策手段,鼓励该海区的开发利用。

以黑岛、马坨子为依托,扩大人工鱼礁区和海底底播规模,增殖海参等海珍品资源,2020 年,底播增殖面积达到 0.6 万公顷,海水增养殖利用面积达到 1.4 万公顷。

(三) 南部市民休闲牧场区

1. 片区海域范围

东至三山岛西至小平岛,南至机轮拖网禁渔线的所有大连南部近岸海域。从三山岛到小平岛海岸线长约 10 km,近海水域面积近 10 万亩,其中滩涂面积 2 000 多亩。

2. 海域底质及主要生物特点

海域底质多为沙质或岩礁底质。海水盐度 30 左右,潮汐为正规半日潮,全年海水温度基本在 0.25 ℃,海流为气旋环流。水清海阔,岩礁型底质为海洋牧场建设创造了天然条件,景点星罗棋布,为综合开发奠定了基础。该区域生物种类繁多,是许多经济鱼虾产卵、索饵的天然场所,有多种常见经济价值较高的水生动物,是海参、皱纹盘鲍、海胆、牡蛎、杂色蛤、贻贝、扇贝、魁蚶、小黄鱼、蓝点马鲛、鲆鲽鱼、中国对虾、三疣梭子蟹、日本鲟、乌贼等多种鱼类、虾蟹类、头足类和腔肠类动物等的重要生息场、洄游通道,广泛分布沿岸海域是裙带菜、海带等各种大型藻类的繁育生长区。

3. 建设发展方向

本区在大连南部沿海,大部为保留区,根据功能区划,深水保留区可作为中长期发展休闲垂钓观光区进行规划,建设藻场、海珍品生息场、人工鱼礁海钓场等以生态修复与资源养护为主,主要发展休闲观光、垂钓、娱乐潜水、滨海旅游、酒店餐饮为一体的休闲观光体验型海洋牧场区。

(1) 登沙河养殖水域改变落后的用海方式,全面推广现代休闲观光式浮筏生产。以黄石礁、段坨子、马坨子为依托,扩大海底底播增养殖区。2020 年,海底底播增殖面积达 0.4 万公顷。近海浮筏养殖、底播养殖带的设置于周边养殖开发活动应相协调,要避开本海域已运行的非渔业功能项目。加大黄石礁、段坨子、马坨子连线外海水域开发,建立人工鱼礁投放区,增加渔业资源量。

(2) 大李家深水大网箱生产,全面推行生态技术,杜绝超负荷、超容量落后作业方式。以草坨子为依托,扩大海底底播生产规模,2020 年达到 0.2 万公顷,适宜渔业利用的水域产业开发面积达到 1.5 万公顷。近海浮筏养殖、底播养殖带的设置与周边养殖开发活动应相协调,要避开本海域已运行的非渔业功能项目。

(3) 金石滩全面推广休闲观光式浮筏、网箱生产。以三辆车岛为依托,拓宽人工渔礁投放区规模,建立大连地区规模最大、功能齐全的垂钓区,搭建现代化人工垂钓平台,打造蓝色旅游观光区,2020 年,投放区面积达到 0.2 万公顷,增养殖利用的水域面积达到 1.22 万公顷。

(四) 渤海参贝鱼类牧场区

1. 片区海域范围

北至瓦房店市李官镇西边子,南至北海街道,西至原机轮拖网禁渔线或 20 米等深线,东至海岸线所围合的海域。

2. 海域底质及主要生物特点

该核心区海域底质,以长兴岛为界,分为两大类:一类为长兴岛以北海域,多为泥质或沙泥质;另一类为长兴岛以南海域,多为泥沙质或岩礁底质。全年海水温度在 0~26 ℃,盐度低于 30,潮汐为非正规半日混合潮,海流为环流,春季形成顺时针方向的环流系统,长兴岛附近流速最大。夏季则为逆时针方向,仍以长兴岛附近流速为最大。

该区域生物种类繁多,是许多经济鱼虾产卵、索饵的天然场所,盛产小黄鱼、黄姑鱼、鲐鱼、黄鲫、叫姑鱼、鳓鱼、中国对虾、中国毛虾、三疣梭子蟹、海蜇、乌贼等多种鱼类、虾蟹类、头足类和腔肠类动物等,尤其是长兴岛以南海域浅海海底和滩涂广泛分布有海参、贻贝、扇贝、魁蚶、杂色蛤、牡蛎等底栖生物。

3. 建设发展方向

本区在大连西部渤海海域,包括旅顺、金州、瓦房店沿海等,建设藻场及以底播滩涂贝类、刺参、鲍、海胆等为主,海上休闲观光为辅的渤海参贝鱼类海洋牧场区。

(1) 港圈养殖区。规划瓦房店港圈养殖区两处,分别为长咀子至临近将军石港岸段和打狗咀子至江石底岸段。规划面积分别为 516 公顷和 232 公顷,主要养殖海参,同时混养贝类、对虾、蟹类等其他经济物种。养殖模式避免单一养殖和密度过高,应该根据养殖容量,投放合理密度,搭配不同经济物种构建多层次营养利用的生态养殖模式。

(2) 浅海底播增殖区(海参底播、贝类底播)。瓦房店市海域滩涂底质主要分为泥质、泥沙质和砂质,其余部分为岩礁和草荒。其中适合海参底播的底质为砂质和岩礁;适合贝类底播的底质主要为泥沙、砂质。主要分布在李官、土城、永宁、西杨、驼山、红沿河和仙浴湾海域。海参底播增殖区:海参底播规划区 5 个;主要分布在金州蚂蚁岛、红沿河、驼山、西杨、永宁、土城和李官等离岸较远对沿岸旅游区、港口航道、能源和城镇工业用海没有影响、底质适合海参生长的海域。以东、西蚂蚁岛为依托,拓展海参底播增殖区,建立大连海参精品增殖区,2015年,面积达到0.2万公顷;2020年,面积达到1.2万公顷。贝类底播增殖区:规划贝类底播增殖区2个。其中一处在驼山扇子石礁外海域,面积3 167公顷;一处在李官、土城等底质适合贝类底播的海域,面积6 908公顷。所规划区域均离岸线较远,不侵占滨海旅游用海和城镇建设用海。

(3)人工放流增殖区。规划人工放流增殖区2个,在仙浴湾海域规划区域较小,规划面积为2 479公顷。在红沿河至太平湾外海规划一个人工放流增殖区,面积为19 547公顷。人工放流增殖区以保护斑海豹国家自然保护区生态环境、增加渔业资源为目的,重点开展中国对虾、日本对虾、三疣梭子蟹等经济品种的增殖放流,在此区域内,同时可以进行渔业捕捞作业。

(4)人工鱼礁区。以兔岛为依托,拓宽人工渔礁区规模,建立功能齐全的垂钓区、蓝色旅游观光区;依托南坨子、空坨子、荒坨子等,建立海底底播增殖区,2020年,面积达到1.2万公顷。

在驼山、西杨和永宁符合《辽宁省现代海洋牧场建设规划》同时不与省市级规划冲突的海域,建设旅游、海珍品增养殖和资源保护型人工鱼礁区,驼山海域的规划面积2 591公顷,西杨海域规划面积2 203公顷,永宁海域规划面积2 824公顷。

(5)渔业休闲区。渔业休闲区主要包括水上运动区、渔业缓冲区、海上游钓区。市场主要面对我国北方内地及外国游客。规划范围主要包括李官、西杨、驼山和仙浴湾沿岸的海域。水上运动区:规划在西杨将军石海域,面积939公顷。主要功能是水上运动、游艇观光、水上赛事,承办十二运水上项目的硬件设施可以作为主要支撑项目。渔业缓冲区:规划在李官龙王庙、驼山和仙浴湾海域,规划面积分别为713公顷、1 135公顷和617公顷。主要功能是在不影响当地旅游业的基础上开展渔业生产,满足当地居民的生产、生活用海需求,促进海洋经济的持续发展,同时可以开展形式多样的"渔家乐"活动与海上渔业体验活动,如海上游钓、赶海等。将渔业与休闲旅游业有机结合起来。

(6) 深海网箱增养殖区。随着沿岸及近海养殖空间不断减小,随着养殖设施的不断改进和养殖技术的不断进步,深水网箱养殖将会有更广阔的应用前景。因此在李官等深线 20 m 左右的海域规划深水网箱养殖实验区,规划面积 10 980 公顷,主要养殖品种选择在一年内生长较快,当地常见的大规格鱼类。

五、大连海洋牧场建设保障措施

(一) 构建现代管理体系

建立现代海洋牧场建设领导协调机制,统一组织协调对海洋牧场规划、建设和管理的领导。强化行政主管部门的宏观调控、市场监管和公共服务职能,在决策、执法、监督、落实等各个环节建立和完善行之有效的工作机制。

探索建立海洋牧场政府行政管理权力清单和投资负面清单管理模式,建立产权(或使用权)清晰的管理体制,健全政府、企业、渔民三者共同参与机制。

在统一规划下,把管理体制与投入机制联系起来,鼓励渔民以合作的形式参与海洋牧场的建设、管理,支持有实力、有意愿的企业投资海洋牧场建设,明确和保障企业的利用权益。

成立专家咨询组,对牧场建设进行定期指导咨询,保证海洋牧场建设有序开展,加强建设工程的验收与效果评估。明确海域功能,实施科学的海域功能管制。在海域基本功能未被开发利用之前,在保证不对海域基本功能造成不可逆转改变的前提下,应允许利用其他类型的开发活动。对于基本功能已经被开发利用的海域,也应允许安排与基本功能相适宜和兼容的用海活动。

（二）构建金融服务体系

改革创新投融资体制，建立以政府为引导、市场投入为主体的多元化资金投入体系，发挥财政资金杠杆作用，积极推进财政制度配套改革，通过财政拨款、政府贴息、政府购买服务、"后补助"等形式，加大对建设海洋牧场的重点企业、重大海洋科技项目、技术研发中心等扶持。

设立海洋牧场发展风险补偿基金，为生态海洋牧场建设提供充裕的资金保障，吸引社会资金支持海洋牧场建设。

积极探索运用财政贴息方式，支持民营企业投资基础设施等项目建设，对已建成的基础设施，可通过实行特许招标方式选择和变更项目法人，也可通过经营权转让、产权置换、委托经营等方式盘活存量资产，吸引民间资本。

积极争取国家财政对海洋牧场建设的资金投入支持。制定优惠政策，运用市场机制，按照"谁投入，谁受益"的原则，吸纳民间资本进入海洋牧场建设领域。拓宽养殖业保险的业务领域，尝试保险资金以股权、债权等形式进行资本化运作，提高资金与产业的对接能力。

（三）构建智力平台体系

制定和实施"海洋牧场建设人才引进计划"，集聚海洋牧场相关专业技术和管理高层次人才来连发展。邀请国内外专家和组成专家咨询团队，定期为大连现代海洋牧场建设提供技术和管理支持。

依托大连的大专院校和海洋科研院所，培养海洋牧场建设急需的技术和管理人才。为海洋牧场人才市场需求提供信息数据库，加强海洋牧场人才的专业化管理。

实行完善的培训制度，进一步加大展开海洋牧场人才培训，增加对海洋牧场人才培训方面的投入。通过对从业人员进行岗前培训，提高他们自身素质和管理水平,在计划的时间内形成各个层次都具备的人才体系。

(四) 构建科技支撑体系

加大科技扶持力度,以现代科技引领和支撑现代海洋牧场建设。提升养殖业的技术装备,实现其集成、配套、组装、安全、高效运行。整合市内海洋科学与渔业技术力量,建立海洋牧场产学研平台,为大连海洋牧场建设提供技术支撑。依托大连的大专院校和海洋科研院所,成立海洋牧场建设综合课题组,对海洋牧场建设有关重大科研项目进行先期攻关研究。

搭建各类成果转化平台,加快科技成果的转化和应用,提高产学研相结合水平,提升海洋牧场建设的产业化水平。引进借鉴国外海洋牧场建设的先进技术和经验,在消化吸收的基础上进行再创新,提高海洋牧场的科技含量。

(五) 构建风险防范体系

遵循政府引导、互助运作、渔民自愿、协同推进的原则,引导、推动渔民参加渔业互助保险。采取市级统筹、县级核算的模式运行渔业养殖保险。针对大连渔业风险保障需求,鼓励发展多形式、多险种的渔业保险,开展水产养殖业政策性保险试点,研究推出海洋养殖抗巨灾保险品种,通过保险杠杆降低自然灾害对海洋养殖业带来的损失。

加强水生动物防疫体系建设,提高重大水生动物疫病监测力度。建立有效的水产养殖风险防范机制,包括海洋减灾、防灾,赤潮预报等,创新损害评估、损害赔偿等管理机制。海基方面建立增养殖病害防控、防治预警及快速反应公共服务平台。

第七章 大连渔业资源增殖放流

　　渔业资源增殖放流是目前恢复水生生物资源量的重要和有效手段,具有恢复生态平衡、修复生态环境、培养群众环保意识、增加渔民收入等多方面的重要意义。近年来在国家和省级有关上级部门的支持下,农业部印发了《全国水生生物增殖放流总体规划(2011—2015年)》,这是全国增殖放流工作的指导性规划。

一、国内外渔业资源增殖放流发展动态

(一) 国外发渔业资源增殖放流展动态

　　世界上最早开展人工繁育放流工作的国家是法国,1842年法国将人工授精孵化的鳟鱼幼鱼放流于河川之中。目前,国际社会对增殖放流给予了高度重视。FAO资料显示,目前世界上有94个国家报道开展了增殖放流工作,其中有64个国家开展了海洋增殖活动。日本、美国、前苏联、挪威、西班牙、法国、英国、德国等先后开展了增殖放流工作,且都把增殖放流作为今后资源养护和生态修复的发展方向。这些国家某些放流鱼类回捕率高达20%,人工放流群体在捕捞群体中所占的比例逐年增加,一些种类高达80%,取得了很大的成功。从粮农组织所报道的各国增殖放流的结果看,尽管世界各国开展增殖放流活动所涉及的品种达180多个,但是,地区之间放流规模和重视程度是不一样的。欧洲和北美洲比较重视增殖放流对资源养护的作用。

　　日本是较早开展水生生物资源增殖放流的国家,目前该国放流规

模达到百万尾以上的种类有近 30 种,不仅有洄游范围小、固着性大的岩礁性物种,同时也包括大范围洄游鱼类。日本自 20 世纪 60 年代在濑户内海建立第一个栽培渔业中心后,把多种技术的应用与海洋牧场结合起来,积累了丰富的增殖放流经验和成熟的技术,鲑鱼、扇贝、牙鲆等的增殖已十分成功。日本目前放流数量最多的是杂色蛤,年放苗 200 多亿(单位),虾夷扇贝的放流数量占第二位,年放流达 20 余亿粒。洄游鱼类近年来放流数量在 50 亿尾以上,其中真鲷放流量每年达 1 700余万尾,三疣梭子蟹则多在濑户内海为中心的海域放流,其效果也非常明显。

美国向自然水体放流的物种达 20 多种,该国鲑鱼产量居世界之首,向海洋放流已有 100 多年历史,发展迅速,技术先进。美国由于年复一年向海洋大量放流幼鲑,资源量得到大幅度增长。美国各州都有相关的政策来支持增殖放流。同时,还有各类的渔业协会等开展自助的放流。

俄罗斯向自然水体放流的物种较少,大约 10 种以内,鲟鳇鱼是该国重要的经济鱼类,年放流 1 亿尾,主要放流鳇、鲟、闪光鲟、裸腹鲟等鱼苗。该国政府每年投资用于鲑鱼增殖,已使大幅度减产的里海鲟鱼稳定在历史最高水平,近 10 年来产量增加了 1.5 倍,使亚速海的种群数量增加了 9 倍。此外,俄罗斯还通过人工繁育自然增殖某些海洋鱼类。

韩国也十分重视海洋增殖渔业,增殖放流物种达 20 余种。目前该国有 10 余处国立水产种苗培育场从事种苗生产和增殖放流,并从民间培育购苗放流。该国于 1982 年曾推进过沿岸牧场化工作,20 世纪 90 年代组织了沿岸渔场牧场化综合开发计划,主要开展了人工鱼礁设施、人工种苗放流、渔场环境保护等研究。同时,该国还开展了"海洋牧场建设计划"行动,该计划分别在日本海、对马海峡和黄海分别建立了 5 个大型海洋牧场示范基地,有针对性地开展特有优势品种的培育,在形成系统的技术体系后,逐步推广到韩国的各沿岸海域。

西欧和北欧几个国家也早已开始发展以鲑鱼增殖为主的增殖放流工作,如瑞典每年向波罗的海放流 50 万尾 2 龄鲑。冰岛在放流鲑鱼前,先将其放养于温泉水中的做法取得了成效。挪威也放流一定量鲑鱼苗,并进行了鲑鱼的增殖试验。此外,英、法两国还在开展牡蛎增殖实验。

(二) 国内渔业资源增殖放流发展动态

我国渔业资源增殖放流工作始于 20 世纪 50 年代末,80 年代后增殖放流活动渐成规模,2000 年以后增殖放流工作发展较快。目前,全国内陆所有省市区以及四大海域均已开展增殖放流工作,增殖放流活动由区域性、小规模发展到全国性、大规模的资源养护行动,形成了政府主导、各界支持、群众参与的良好社会氛围。

1. 管理和政策支持

2003 年农业部印发了《关于加强渔业资源增殖放流活动工作的通知》,将水生生物资源养护事业作为渔业生态文明建设的切入点,自此增殖放流事业进入了新的发展阶段。自 2004 年起,政府相关部门每年都组织开展较大规模的增全国水生生物增殖放流活动。2006 年国务院颁布的《中国水生生物资源养护行动纲要》对水生生物资源养护和增殖放流工作做了全面部署,增殖放流工作在全国普遍开展;十七届三中全会要求"加强水生生物资源养护,加大增殖放流力度";2009 年农业部发布《水生生物增殖放流管理规定》,进一步规范了增殖放流各项工作。同年中央财政大幅增加增殖放流资金投入,并带动地方和社会各界加大投入力度,增殖放流事业发展不断加快;2010 年农业部印发《全国水生生物增殖放流总体规划(2011—2015 年)》,推动增殖放流工作科学有序发展。

2. 资金投入

2003 年以前增殖放流资金主要来源于依据《渔业资源增值保护费征收使用办法》及地方性渔业法规和规章所征收的渔业资源保护费。2003 年农业部印发《关于加强渔业资源增殖放流的通知》，要求将增殖放流经费纳入政府财政预算计划，渔业资源保护费和资源损失补偿费按比例用于增殖放流，并调动社会资金用于增殖放流。自 2007 年起，中央财政专项安排渔业资源增殖项目经费，并于 2009 年新增中央财政转移支付项目。2009 年颁布的《水生生物增殖放流管理规定》明确提出"各级渔业行政主管部门应加大对水生生物增殖放流的投入，积极引导、鼓励社会资金支持水生生物资源养护和增殖放流事业"。目前来看，全国增殖放流资金主要包括三个方面：一是财政资金，包括中央和各级投入财政资金，是全国增殖放流资金的主要来源；二是生态修复资金，主要是相关单位因水电开发、港口建设、渔业污染事故导致生态环境破坏而做出补偿的资金；三是其他社会资金，包括个人和社会组织捐助、资助的资金。

随着水生生物增殖放流工作在全国逐步开展，增殖放流资金总投入逐年增加。据统计，2004—2013 年全国累计投入增殖放流资金52.12亿元。自 2009 年起，全国水生生物增殖放流投入金额明显增加。2013 年中央财政投入 3.06 亿元，带动全国各地共投入增殖放流资金 10.07 亿元。

3. 放流数量和种类

随着水生生物增殖放流资金投入的不断增加，增殖放流数量和种类也在不断增加。据统计，2004—2013 年，全国累计增殖放流各类水生生物苗种 2 316.10 亿尾，其中沿海共计放流 945.43 亿尾，内陆共计放流 1 370.67 亿尾。近海放流数量和比例逐年增加，2012 年首次超过内陆放流数量。此外 2005 年放流数量比 2004 年减少，主要是因为

2005 年全国投放池沼公鱼卵的数量大幅下降。

增殖放流数量不断增加的同时,放流种类也不断增加,呈现多样化趋势。据统计,2000 年全国增殖放流的种类不足 20 种,但到了 2006 年种类已达到 90 多种。2010 年印发《全国水生生物增殖放流总体规划(2011—2015 年)》规划放流种类达到 167 种。而截至 2013 年,据已有资料统计,全国共放流水生生物种类(不包括水生植物)达 245 种。其中经济物种中,鱼类 138 种,虾蟹类 15 种,贝类 27 种,其他类 19 种;珍稀濒危物种 46 种。另一方面,近年来内陆放流种类也有所变化。2009 年之前内陆池沼公鱼、大银鱼放流数量较多,之后随着增殖放流活动规范性的加强,两种鱼类放流数量明显下降。

4. 增殖放流具体做法

2009 年至今农业部先后发布《水生生物增殖放流管理规定》《水生生物增殖放流技术规程》和《全国水生生物增殖放流总体规划(2011—2015 年)》,对增殖放流活动进行了明确规范。各地也根据实际情况制定了具体的工作和技术规范。以中央财政项目为例,具体实施过程如下:各省渔业主管部门根据农业部、财政部有关要求,组织制定相应增殖放流实施方案,报农业部审核。根据农业部下达的增殖放流任务,各省渔业主管部门组织实施增殖放流活动,将项目细化落实到相应承担单位,同时组织相关部门做好增殖放流活动的配套服务。项目承担单位组织开展招投标确定增殖放流供苗单位,通常还需要安排渔政部门做好增殖放流前后放流区域的水域管理,指定水产科研推广单位或水产检验检疫机构对放流苗种的亲本选择、种质鉴定等方面严格把关,在放流前对放流苗种进行检验检疫以及开展苗种的测量、计数、验收等工作,委托相关科研部门开展资源本底调查、放流跟踪调查和监测,对放流效果进行评价。其他增殖放流项目实施具体流程大致相同,但具体环节和实际操作还有待进一步完善和规范。

二、渔业资源增殖放流的重要意义及发展趋势

(一) 重要意义

1. 可以更好地改善海洋生态环境

持续开展渔业资源尤其是贝藻类及滤食性鱼类增殖放流,有利于明显改善近海和内陆水域生态环境、净化水质,并有效吸收空气中的二氧化碳(即"渔业碳汇")。经常性吸引民众共同参与增殖放流活动、举办各种类型放流放生仪式,也有助于不断提高民众生态保护意识,促进生态文明建设。

2. 可以恢复渔业资源,促进生态系统平衡

渔业资源增殖放流是国际通行的修复渔业资源的重要途径之一,通过增殖放流,可以积极主动地恢复已经衰退的水生生物资源,恢复天然水域渔业资源种群数量,改善鱼类的群落结构,维护生物多样性,保持生态平衡,为渔业和渔区经济的可持续发展奠定基础。

3. 可以为渔民增加收益

据科研部门测算,增殖放流直接的投入产出比约为1:8,加上其他相关效益,总投入产出比约为1:10以上,经济效益十分显著,可以直接增加捕捞渔民的收益,有助于渔区社会的和谐稳定,使渔民共享社会进步成果。通过增殖放流,带动水产苗种繁育、仓储运输、水产加工的发展,推动渔业休闲、垂钓、观赏、餐饮、会务、度假、体验渔家乐、渔业科普教育的发展,为渔民转产转业拓宽就业领域。

(二) 发展趋势

1. 从中央层面到地方各级,增殖放流生态修复重要作用将越来越受到重视

近年来,在国务院《中国水生生物资源养护行动纲要》、农业部《渔业资源增殖放流管理规定》等政策规定推动下,全国各地水生生物资源增殖放流工作开展得如火如荼,资金投入、放流规模不断扩大,民众参与激情不断高涨,放流技术不断改进,管理工作也日趋规范。为加强对水生生物资源的养护,2006 年国务院发布了《中国水生生物资源养护行动纲要》;2008 年 10 月党的十七届三中全会《决定》特别指出要"加强水生生物资源养护,加大增殖放流力度",充分体现了党中央国务院对增殖放流工作的重视。为把中央精神落到实处,规范各地蓬勃开展的增殖放流行为,农业部于 2009 年专门制定出台了《渔业资源增殖放流管理规定》。

2. 从苗种繁育到效果评估,增殖放流技术将越来越成熟

得益于水产种子种苗工程的快速发展和良种繁育技术的不断突破,水产优质种苗生产能力将继续显著提高,并会有更多的土著特色鱼类等渔业资源实现苗种规模化生产,能为增殖放流工作提供良好的苗种保证。与此同时,各水产科研院所正在开展的生态安全、标识技术、跟踪调查、效果评价等增殖放流技术也会有新的突破,将为渔业资源增殖放流工作提供强有力的技术支撑,增殖放流效果也将会越来越明显。

3. 从制度完善到社会监督,增殖放流操作将越来越规范

增殖放流公众参与性强、社会关注度高,制度建设工作一直受到高度重视。今后一个时期,制度建设将依然是增殖放流工作的一项重要内容。同时,纪检监察部门将更广泛地介入到增殖放流工作的纪律

监督之中,新闻媒体对增殖放流和资源保护工作也将会给予更多的关注,这都将促使增殖放流的项目申报、资金使用、苗种采购、实际操作等系列工作更加公正、规范、透明。

4. 从单纯放流到放管结合,对捕捞强度的控制将越来越严格

资源养护、生态修复是一项系统工程,增殖放流只是其中的一项措施。从国内外资源增殖实践看,孤立地进行水生生物资源增殖放流,其效果是十分有限的。随着增殖放流规模的不断扩大、社会关注度和民众生态保护意识的日益提高,必然会要求各级渔业主管部门更多地把工作重心放在渔业资源的管理与养护上,尤其是加强对居高不下的捕捞强度的控制与压缩、更好地保护和合理利用渔业自然资源,呼声和要求会越来越强烈。这既是各级渔业行政主管部门肩负的重要职责,也是历史发展的必然要求。

三、大连渔业资源增殖放流的主要成就

(一) 增殖放流基本条件

1. 地理水文

大连海域地理水文条件优越,发展海洋渔业具有得天独厚优势。大连海洋功能区划面积 2.9 万平方公里,其中浅海面积 28 480 平方公里,滩涂面积 520 平方公里。全市岛屿 226 个,港湾 30 余处。大连海岸线总长 2 211 km,浅水岸线约 700 km,深水岸线月 300 km。大连有国家级、省、市级海洋自然保护区 10 余处。大连具有海洋性特点的暖温带大陆性季风气候特征,气候条件非常适合海水经济动植物生息繁衍。大连年自然海水水温在 −1∼27 ℃左右,盐度在 25‰∼32‰之间,营养盐丰富,浮游生物含量高。

2. 生物资源

大连海域海洋经济生物丰富多样，拥有辽东湾和海洋岛两大渔场。大连鱼、虾、贝、藻等有经济价值的鱼类资源丰富，海洋、滨岸、岛屿珍稀生物种类繁多，资源量大，优势品种有刺参、紫海胆、中国对虾、中国毛虾、三疣梭子蟹等。鱼类主要有小黄鱼、蓝点马鲛、银鲳、鲆鲽等；虾类主要有中国对虾、毛虾等；蟹类主要有三疣梭子蟹、日本鲟等；水母类以海蜇、沙蜇居多；藻类主要有海带、裙带菜等。

3. 内陆资源

大连属淡水资源欠丰地区，淡水渔业在渔业总量中所占比例较小。大连区域虽然有大小河流200多条，但河床短浅，多为季节性河流。长久以来，大连渔业发展主要以海洋渔业为主，增殖放流区域主要集中于近海海域，内陆增殖放流条件有限，规模甚小。

(二) 增殖放流工作特点

1. 增殖放流资金投入力度不断加大

"十二五"期间，市财政投入增殖放流总资金达1.18亿，放流总量达到51.8亿尾，年均增长13.4%。其中，仅投入苗种资金从2006年的48.5万元增加到2015年的2 623万元。"十二五"期间，大连市增殖放流种类主要有中国对虾、日本对虾、三疣梭子蟹、牙鲆等，功能以渔民增收和生物种群修复为主。其中日本对虾的功能定位为渔民增收；三疣梭子蟹的功能定位为渔民增收为主，生物种群修复为辅；牙鲆功能定位为生物种群修复为主，渔民增收为辅。

2. 增殖放流工作起步早，保持全国领先

自1984年进行中国对虾标志性试验放流开始，到"十二五"时期，已初步形成了中国对虾、日本对虾、牙鲆、海蜇、三疣梭子蟹为主导品种的增殖放流格局。大连从1985年开始就在黄海北部海洋岛渔场开

展中国对虾增殖放流;日本对虾的增殖放流最早始于 1997 年;三疣梭子蟹的增殖放流最早始于 1988 年;褐牙鲆的增殖放流主要始于 2006—2007 年,真鲷的增殖放流主要始于 2007—2008 年。在大连市沿海海域实施的增殖放流项目中,洄游范围较大的中国对虾、海蜇增殖放流项目由省海洋渔业厅负责组织实施,洄游范围较小的日本对虾、三疣梭子蟹以及牙鲆等鱼类增殖放流项目由市、县两级渔业行政主管部门负责组织实施。2006 年以前,大连市地方增殖放流的品种、数量较少,仅在黄海北部庄河海域和渤海瓦房店海域增殖放流日本对虾和三疣梭子蟹 6 226 万尾,投入苗种资金 117.8 万元。从 2006 年开始,大连地方增殖放流项目发展较快,增殖放流的规模、种类和数量都呈逐年递增趋势,增殖放流苗种从 2006 年的 3 040 万尾增加到 2015 年的 10.95 亿尾。

3. 形成市局与区(市、县)协同推进工作机制

市海洋渔业局提出全年度放流规模、资金投入的年度计划,各县市区行政主管部门负责组织实施。增殖放流资金以大连市财政与区(市、县)财政为主体,农业部及相关部门财政为补充。落实《渔业法》《渔业资源增殖放流管理规定》《辽宁省渔业资源增殖放流管理办法》,建立了相应的工作制度,对增殖放流苗种的采购、检验检疫、放流验收、保护管理、跟踪调查等,制定了详细的实施方案,并建立责任和监督机制。

4. 建立较完善技术体系

一是制定了较完备的增殖放流操作规范。在国家制定中国对虾、日本对虾、三疣梭子蟹等增殖放流规范的基础上,大连市增殖放流还有《辽宁黄海北部中国对虾放流验收操作规程》《辽东湾渔场海蜇放流验收操作规程》《海洋岛渔场车虾放流验收操作规程》《大连市日本对虾放流验收操作规程》等地方规范,为规范增殖放流提供依据。二是

具有较强的种质鉴定和质量检测能力。大连市增殖放流苗种检验检疫由辽宁省水产苗种管理局、大连市水产品质量安全检验检测中心(大连市海洋与渔业环境监测中心)承担。三是初步建立起增殖放流科学评价体系。依托辽宁省水产科学研究院、大连海洋大学的技术力量,通过对增殖放流品种的种群调查以及回捕产量分析,初步建立起对增殖放流的科学评价体系,为增殖放流决策提供依据。

(三) 增殖放流主要物种

1. 中国对虾

中国对虾(Chinese Shrimp)又称东方对虾,属节肢动物门,甲壳纲,十足目,对虾科,对虾属。中国对虾是大连的主要增殖放流品种,有较长的放流历史。目前已经形成较为成熟的增殖放流体系。

生物特征:(1) 繁殖习性。雌雄异体,其生殖活动分两个阶段进行,每年的 10 月中旬至 11 月底进行交配,以后即开始越冬洄游。4 月下旬开始产卵,盛期在 5 月上旬,对虾产卵后,大部分死亡。幼虾于 6~7月份在河口附近摄食成长,9 月份开始向渤海中部及黄海北部洄游,秋末冬初,到黄海东南部深海区越冬。(2) 洄游特性。中国对虾是有明显的季节性洄游习性。对虾在黄海中部(北纬 $34°\sim36°$,东经 $122°36'\sim124°30'$)越冬。每年 3 月上、中旬开始集群北上,进行生殖洄游,一直游到浮山和海州湾近岸,5 月上旬开始产卵。主群北上,绕过成山头,后分两支:一支游到辽东半岛,鸭绿江口一带,于 5 月上旬产卵;另一支于 4 月中旬通过渤海海峡,分别向莱州湾、渤海湾和辽东湾各河口区,5 月上旬产卵。6~7 月幼虾在河口附近摄食成长,8 月份逐步向渤海中部及黄海北部移动,形成秋汛的主要渔场。渤海对虾主群于小雪前后越过成山头与海洋岛和乳山等渔场的外泛虾群相继南下,12 月下旬进入黄海中部分散越冬。(3) 主要食性。主要食物为有机碎屑、小型甲壳类、多毛类、底栖软体动物等。

适宜海域:黄海北部、渤海海域渔场,水深 30 m 以内。

放流规格:中国对虾放流时间为 5～6 月,放流规格为最小体长 10 mm。

2. 日本对虾

基本属性:日本对虾(Penaeus japonicus Bate),俗称车虾、竹节虾、斑节虾等,属暖水性经济虾类。日本对虾是大连市的主要增殖放流品种,有较长的放流历史,目前已经形成较为成熟的日本对虾增殖放流体系。

生物特征:(1)繁殖习性。雌雄异体,中国沿海 1～3 月份及 9～10 月份均可捕到亲虾,产卵季节从 4 月一直持续到 10 月,产卵盛期为每年 12 月至翌年 3 月份。(2)洄游特性。没有远距离洄游习性,在生长过程中是从近海岸向远海岸迁移,但是迁移的距离很有限。(3)主要食性。主要食物为有机碎屑、小型甲壳类、多毛类、底栖软体动物等。

适宜海域:日本对虾栖息于水深 10～40 m 的海域,喜欢栖息于沙泥底,具有较强的潜沙特性,白天潜伏在深度 3 cm 左右的沙底内很少活动,夜间频繁活动并进行索饵。觅食时常缓游于水的下层,有时也游向中上层。

放流规格:日本对虾放流时间为 5～6 月,放流规格为体长 8～12 mm。

3. 三疣梭子蟹

三疣梭子蟹(Portunus Trituberculatus),俗称梭子蟹、飞蟹,头脑甲呈梭状,属暖温性,多年生大型蟹类。三疣梭子蟹育苗技术成熟,大连市"壹桥""混源"等育苗厂年供应苗种能力超过两亿尾,这些育苗厂有较长的增殖放流实践,增殖效果好,放流技术成熟。

生物特征:(1)繁殖习性。三疣梭子蟹雌雄异体。一般寿命为 3 年。交配季节在黄海、渤海自 4～5 月到初冬,越冬的三疣梭子蟹交配时间为每年的 7～8 月,而当年生的梭子蟹交配盛期为 9～10 月。
(2) 洄游特性。有短距离洄游现象,每年 4～5 月,雌蟹洄游,聚集于近岸浅海港湾或河口附近繁殖产卵、索饵生长,秋季水冷,渐南移,潜往深水处越冬。(3) 主要食性。梭子蟹属于杂食性动物,喜欢摄食贝肉、鲜杂鱼、小杂虾等,也摄食水藻嫩芽,海生动物尸体以及腐烂的水生植物。而且不同生长阶段,食性有所差异,在幼蟹阶段偏于杂食性,个体愈大愈趋向肉食性。通常白天摄食量少,傍晚和夜间大量摄食。但水温在 10 ℃以下和32 ℃以上时,梭子蟹停止摄食。

适宜海域:主要栖息于海底或河口附近,以渤海数量最大。三疣梭子蟹白天潜伏海底,夜间出来觅食并有明显的趋光性。三疣梭子蟹游动时,身体倾斜倒垂于水中,第 5 步足频频摆动,作横向或不定向的水平游动。潜入泥沙时,常与池底呈 15～45 度的交角,仅露出眼及触角。

放流规格:放流规格标准为仔蟹三期,放流时间为 5～6 月份。

4. 褐牙鲆

基本属性:褐牙鲆(Paralichthys Olivaceus Temminck et Schlegel),俗称牙片、牙鲆。属冷温性近海底层鱼类,具有潜沙习性,在我国沿海均有分布。

生物特征:(1) 繁殖习性。黄渤海沿岸牙鲆的产卵期为 4～6 月,盛期为 5 月份,属多次产卵型鱼类。产卵的适宜水温范围为 10～21 ℃,最适宜水温为 21 ℃。浮游仔鱼生活在 20 m 以上的表层、中层水域,此时仔鱼左右对称。全长 11～12.5 mm 时右眼开始自头的背部向身体左侧移动,16 mm 左右时,右眼移至左侧完成变态,开始伏底营底栖生活。(2) 洄游特性。具有洄游习性,越冬均在黄海中部水深50～80 m水域。初春北上生殖洄游,进入近岸浅水区产卵,鸭绿江口群体密集。秋季水冷,渐南移,至越冬。(3) 主要食性。天然牙鲆仔鱼以无脊椎动物的卵及桡足类的无节幼体为饵料,至变态开始时大量摄食多毛类,营底栖生活前后大量摄食桡足类成体。底栖生活以后的幼鱼只摄食糠虾,以后开始逐渐摄食沙丁鱼和假虎鱼等幼鱼。体长11~14 cm时食性开始转化,15 cm时饵料中鱼类占90%。幼鱼及成鱼多摄食鱼类,头足类及甲壳类,常多栖于面条鱼、沙丁鱼较集中的海域。

适宜海域:喜栖息于沙泥底质水域,幼鱼多生活在水深10 m以上,有机物少,易形成涡流的洞口地带。夏季在此育肥。当秋季水温下降时逐步向较深的海域移动,一般9、10月份移向50 m以下外海,11月份至12月份向南移至水深90 m或者更深的海底越冬,春季游回近岸水深约30~70 m的浅水海域进行产卵繁殖。

放流规格:放流规格为3cm,放流时间为6~8月。

(四) 增殖放流主要绩效

1. 水域中放流种类的渔业资源量明显增加

通过增殖放流,较高食物链级的渔业品种能充分利用低食物链级的生物作为索饵生长、育肥和繁衍,增加了近岸海域优质渔业种群生物量。根据各区市县渔业行政主管部门对增殖放流群体的回捕生产情况的调查统计,"十二五"期间大连市增殖放流累计增加捕捞产量23 000吨,取得了良好的增殖效果。

2. 水域生态群落结构和环境得到了有效的改善

在20世纪八九十年代,因过度捕捞等原因,造成野生的中国对虾资源枯竭,大连两大渔场中国对虾濒临灭绝,市场一度出现"一虾难求"情况。经过多年增殖放流,到目前为止,仅黄海北部中国对虾捕捞量已达到400吨以上。通过增殖放流,使濒危的渔业物种得到有效保护,水生生物资源得到有效补充,维护了生物的多样性。增殖放流的幼体通过利用海洋中的天然饵料,从而减少了海洋中的氮、磷,生态退化的水域环境得到修复和改善。

3. 渔民收入得到了明显增加

根据各区市县渔业行政主管部门对增殖放流群体的回捕生产情况的调查统计,"十二五"期间大连市增殖放流累计增加渔民收入近 20 亿元,实现投入产出比为 1:10,促进了渔区经济发展和社会稳定。

4. 促进了产业融合发展

通过增殖放流,促进了大连垂钓场的建设发展,垂钓场数量增加到百余个,拉动了以游艇为主的垂钓船增加到 200 多艘。同时带动水产苗种繁育、仓储运输、水产加工的发展,通过渔业休闲、垂钓、观赏、餐饮、会务、度假、体验渔家乐、渔业科普教育的发展,为渔民转产转业提供了新的就业领域。

5. 增殖放流效果得到社会广泛认同

通过各市县区渔民、媒体市场探访调查,大连增殖放流工作开展早,政府重视程度高,增殖放流资金投入及放流数量处于全国领先水平,增殖放流实施效果好,社会各界民众对渔业资源增殖放流良好的实际效果已达成了广泛的共识。

四、大连渔业资源增殖放流的运行机制与管理规范

(一) 运行机制

1. 各组织机构职责任务

市海洋与渔业局统筹区(市、县)渔业行政主管部门成立渔业资源增殖放流工作领导小组并委托第三方机构,具体负责领导、指导和监督区(市、县)的渔业资源增殖放流工作。领导小组的主要职责是:全面组织、领导和协调增殖放流工作;审定增殖放流的计划、工作方案、

技术方案、放流方案、规章制度及其他放流工作的重大事项。第三方机构的主要任务：在领导小组的领导下开展增殖放流工作的全面监督，确保各项规章制度和规范的贯彻落实。

2. 放流方案制定与实施

各区（市、县）渔业行政主管部门应根据资金、环境容量、苗种供应等具体情况，拟订本辖区渔业资源增殖放流年度计划，按有关程序上报市海洋与渔业局。各区（市、县）应综合考虑当地渔业资源状况、水域环境特点等因素，开展增殖放流工作，在充分论证的基础上，科学确定每年增殖放流的区域、时间、品种、规格、数量等，于每年11月底前，制订下一年度的增殖放流计划、实施方案和经费预算，上报市海洋与渔业局审定批准后实施。增殖放流应严格执行《放流操作技术规程》与已批准的《增殖放流实施方案》实施。

3. 放流品种选择与苗种单位选择

人工增殖放流品种的选择应遵循生物多样性原则、生物安全原则、技术可行原则和兼顾效益原则。放流品种宜为本地种的原种或子二代以内苗种，不得向天然水域投放杂交种、转基因种及外来种。同一水域内开展多品种放流应兼顾各品种间的合理数量比例，苗种规格等质量标准须符合相关技术规范。

放流苗种供应应选择信誉良好、管理规范、科研力量雄厚、技术水平高的苗种生产单位。领导小组根据政府采购程序，按照"公开、公平、公正"原则，对持有《水产苗种生产许可证》或《水生野生动物驯养繁殖许可证》的育苗企业进行公开招标或者议标，优先选择国家级或省级水产原良种场和良种繁育场、渔业资源增殖站、野生渔业资源驯养繁殖基地或救护中心以及其他具有相关资质的种苗生产单位。

(二) 管理规范

1. 放流苗种监督与检查

第三方机构在放流前,对放流苗种的亲本选择、种质鉴定、检验检疫情况及培育过程进行监督、检查,确保健康、优质、无特异性病原、无药物残留的水产经济鱼虾苗种用于增殖放流,避免对放流水域生态造成不良影响。

2. 放流过程监管

领导小组在开展增殖放流过程中,要精心组织有关单位和人员认真做好增殖放流苗种的规格测量、计数、运输、投放、验收等工作,保质保量完成增殖放流任务。增殖放流工作实行公示制度,并逐步建立放流过程监理制度。各级渔业行政主管部门应及时将放流有关情况向社会公示,加大宣传力度,提高透明度,接受社会监督。各级渔政管理机构应加强人工增殖放流前后的现场管理。有条件的地区可对放流重点水域设立增殖放流临时保护区或禁渔期,实行禁渔管理。渔业行政主管部门及渔政渔港监督管理机构要加强与增殖放流有关的监督管理和执法检查工作,重点做好放流区域内的非法渔具清理和放流后期的执法监管工作,严厉打击各类偷捕和破坏放流苗种的行为。

3. 放流财政资金监管

增殖放流经费要专款专用,各用款单位要根据工作任务,精心组织实施。各级渔业主管部门负责对工作完成情况、经费使用情况等进行监督检查。对弄虚作假、挤占、挪用经费等违反纪律和财务制度的行为,上级渔业主管部门将根据情况采取通报批评、停止拨款、取消项目申报资格等措施予以处罚

4. 跟踪调查与效果评价

市海洋与渔业局可根据现有工作基础、技术条件、放流品种特点,

选取一定比例的放流苗种进行标志放流,开展相应跟踪调查,进行增殖放流效果的评估,并根据各水域资源状况,编制下一年度的放流计划。应建立放流效果评价体系,技术专家小组要组织相关科研部门负责放流后的跟踪调查工作,跟踪调查形式包括社会调查、海上调查和各种作业方式的常规监测等。根据跟踪调查结果及标志回收情况,开展放流效果评估工作。由各级渔政管理部门协助科研部门完成标志鱼的回收工作,对上交标志牌的渔民群众给予一定的奖励。

五、大连渔业资源增殖放流的保障措施

(一) 加强领导,健全组织管理机构

各级政府部门要提高认识,加强领导,切实将渔业资源增殖放流作为一项重点工作来抓。建立完善渔业资源增殖放流工作领导小组及其行政监督组与技术监督组,进一步明确各自主要工作职责。领导小组组织、领导和协调增殖放流工作;行政监督组负责增殖放流工作的行政监督;技术监督组负责监督、解决放流过程的技术问题。要根据本规划确定的指导思想、原则和要求,结合本地实际,采取有效措施,实现规划目标。要通过各种形式加强增殖放流工作宣传力度,提高社会各界对增殖放流的认知程度,增强群众参与的自觉性,为水生生物资源增殖与保护工作创造良好外部环境。

(二) 制定规范,完善技术规程标准

依据国务院《中国水生生物资源养护行动纲要》、农业部《渔业资源增殖放流管理规定》和辽宁省人民政府《关于进一步加快发展水产业的决定》,为加强增殖放流工作的科学性和规范性,要进一步制定、完善相关技术规程和标准,包括放流物种的规格、放流时间、放流方式、苗种质量等技术规范以及放流过程中的管理、验收措施等,保证放

流工作的顺利实施。加大对资源增殖放流的基础研究和相关技术研究力度,确定合适放流种类、放流规格以及科学的增殖放流效果评价模型,实现增殖放流应有的效果,为大连近海渔业资源增殖放流的安全、健康和稳定发展提供依据,对新增渔业资源增殖放流进行科学指导。

(三)创新管理,完善管理规章制度

根据实践积累,建立一整套从放流许可、苗种公开招标到效果评估全过程的管理制度。一是科学实施增殖放流项目,并细化放流效果评价制度,提高增殖放流科学性,保障增殖放流生态安全;二是加强区域、流域综合平衡与协调,提高区域、流域增殖放流整体效果;三是建立增殖放流苗种供应单位、苗种质量检验检疫"白名单"制度,细化规范增殖放流用苗招标采购、质量检验检疫、放流现场监督等操作程序;四是探索并逐步建立增殖放流许可制度,防止因无序增殖放流对自然生态造成危害;五是要进一步加大增殖放流后的渔政管理与保护工作力度,确保增殖放流效果持久长效。

(四)多方筹措,加大资金扶持力度

渔业资源增殖放流及其相关工作主要体现生态效益、社会效益及渔民利益,是一项社会公益性事业,各级财政要进一步加大资金投入,建立稳定的资金渠道和管理办法。积极争取国家、省市、地方财政扶持力度,加大宣传力度,创新筹资模式,鼓励社会各界广泛参与、积极投资支持渔业资源增殖放流事业,加强项目与资金监督管理,加强绩效评价考核,不断提高资金使用效果。

(五)跟踪管理,开展综合效果评估

开展增殖放流工作的跟踪监测和效果评估工作,建立渔业资源增殖效果评价体系,估算增殖放流的投入产出比,定量增殖放流对水生生物资源养护的贡献,为大连增殖放流工作提供科学的评价。

(六) 广泛宣传,提高民众生态意识

充分借助新闻媒体、充分利用各种机会,切实加大渔业资源保护与增殖放流工作的宣传力度,不断提高全民水生生物资源与水域生态环境保护意识,吸引社会各界人士积极支持、广泛参与渔业资源增殖放流事业,并努力形成保护渔业资源光荣、破坏渔业资源有罪的强大舆论氛围,特别是要逐步唤醒捕捞渔民的保护意识,促使其一起参与到资源养护与生态修复的具体行动中,促使更多的捕捞渔民加入到转产转业的行列中;通过广泛宣传,也让社会各界和广大民众更多地了解切实保障渔业资源增殖放流生态安全的重要性,努力避免随意野放渔业资源行为的发生。

第八章　大连水产品质量安全监管

大连是我国北方重要的水产品生产和销售基地,因其得天独厚的地理条件,生产的水产品盛名享誉国内外,对我国蓝色食品供给做出重要贡献。水产品质量安全问题不仅关系到生产加工企业的自身发展,也关系到人民群众的身体健康,更关系到渔业经济的持续健康发展。

一、国内外水产品质量安全监管研究现状

(一) 国内水产品质量安全监管研究现状

目前,食品安全问题已成为除人口、资源、环境之外的全球第四大危机,受到全世界的广泛关注。中国是渔业大国,也是水产品出口大国,中国水产品的质量作为入世后面临的新领域和新课题,不仅受到国内民众的关心,甚至引起了国际社会的广泛关注。

我国目前虽然已经初步建立起来了水产品安全的监管系统和法律法规体系,但存在的问题仍然不少。近几年学者们提出了许多改进意见,但从总体上看,我国多数研究成果仅涉及水产品安全技术问题,关于水产品安全监管和制度方面的理论研究较少(郑凤田等,2004①;

---

① 郑凤田,李明.丹麦猪肉产业竞争力从何而来[J].养殖与饲料,2004(7).

韩俊等,2004①;张永健等,2005②;李怀,2005③),更无人涉及水产品安全规制模式问题。确切地说,即使在我国现有技术条件下,也不应当出现如此严重的水产品安全危机。所以,我国水产品安全绝不仅仅是技术问题,也不仅仅是制度问题(如制度建设的滞后和缺乏系统性),因为即使按照现有的制度安排,也不至于会发生如此严重的水产品安全问题。2004年11月我国政府举办了"全球食品安全(北京)论坛"会议。参加会议的有来自世界30多个国家的食品安全官员和专家以及国内300多位专家和学者。可以说,该会议将我国食品安全问题的研究工作推向了一个新阶段。2007年,我国政府、"两会"都把食品安全列为重要议题,给予高度重视。自此,国内学者对水产品质量安全问题研究热情高涨。

王海华(2005)④指出,我国水产品质量安全标准体系、质量检验检测体系、质量认证认可体系这三大体系基本形成,成为推动水产标准化发展和保证水产品安全的重要力量。

陈家勇(2004)⑤从水产养殖业行政管理职能定位角度出发,阐明了政府在界定和保护养殖生产者的产权;加强水产养殖投入品、养殖过程以及水产品质量的监管;加强养殖水域生产环境保护三大方面。

邓淑芬等(2005)⑥所提出的食品安全信用等级评估机构是从管

---

① 韩俊.关于当前农业和农村经济有关政策问题的若干建议[J].农村经济,2014(1).

② 张永健,卢剑霞,姚丽.探讨检验机构的建设与发展方向[J].中国公共卫生管理,2005(10).

③ 李怀.中国食品安全监管的制度分析[J].天津商学院学报,2005(1).

④ 王海华,黄江峰,盛银平.我国的水产标准体系与水产标准化进展情况[J].江西水产科技,2005(9).

⑤ 陈家勇.水产养殖业行政管理职能定位的若干思考[J].中国水产,2004(8).

⑥ 邓淑芬,赵林度,吴广谋.食品安全管理的政府调控策略[J].食品工业科技,2005(4).

理的角度以及采用政府调控的角度出发的,研究建立专门的安全信用评估体系,是为了强制性的对各类食品生产商进行安全信用等级评估,来提高我国食品安全质量的管理水平,为消费者提供安全放心的食品,通过突破信息不对称和食品安全标准不统一这两大限制因素。

陈国军等(2005)[①]对水产行业供应链管理进行了研究,指出水产品行业供应链具有一定的保质、保鲜功能,为了确保及时供应,作为供应链上的节点企业必须提高其协作能力和安全、迅速的运输能力,供应链的另一个特点是多渠道、多层次和多种形式。

朱伟伟、陈蓝荪(2006)[②]总结了我国水产品物流的出现与问题所在,提出政府要发挥好水产品物流链统筹规划的作用、提高水产品物流的水平、发挥水产品物流行业协会的作用等我国水产品物流现代化建设的建议。

目前,水产品安全研究的发展趋势:世界各国正在朝着安全标准化、操作程序化、生产规范化、监管制度化等方向努力和发展。

(二) 国外水产品质量安全监管研究现状

西方发达国家非常重视水产品安全的软科学研究,积极探讨水产品安全软科学所涉及的各种问题,开展水产品安全战略研究。联合国粮农组织和世界卫生组织经常召开国际水产品安全学术和工作会议,研究涉及水产品安全的所有问题,制定了国际性的水产品安全法典。研究重点放在水产品安全的标准化、水产品生产的规范化、水产品管理的制度化等方面。特别是在制度规制方面,已经形成了一个涉及水产品安全方方面面的严密的制度体系,基本上做到了有法可依、依法办事。第 28 届世界粮农组织大会在 1995 年 10 月 31 日召开,会上通

① 陈国军,周应祺. 我国水产品供应链管理[J]. 齐鲁渔业,2005(5).
② 朱伟伟,陈蓝荪. 我国水产品物流的发展模式[J]. 时代经贸,2006(2).

过了有责任的水产业行为法案。

美国等西方发达国家的水产品安全研究和规制建设大体经历了四个阶段:首先是自由竞争阶段,即从建国到 19 世纪早期。经济尚未大规模发展,水产品贸易多限于各州境内,州政府负责对水产品的生产和销售活动进行监督,尚未形成水产品法规出台。第二阶段是由乱到小治阶段,时间从 1850 年到 20 世纪初期。由于工业的迅猛发展,水产品贸易扩展至全国。在巨额利润的驱使下,水产品市场出现制伪、掺假、掺毒、欺诈等现象。第三阶段是由小治到大治阶段(20 世纪早期)。1938 年国会制定《食品、药品和化妆品法》。该法案大幅度调整水产品安全监管体制,扩大 FDA 权力,奠定了美国现代水产品安全监管体制的基础。根据法律授权,FDA 制定了大量的部门规章,进一步加强了水产品安全监管工作。第四阶段是完善与加强阶段,时间是1950 年至今。以《食品、药品和化妆品法》所确立的基本框架为前提,陆续出台了一些新的法律法规,或者对该法的部分条款进行修改,或者对某种水产品的管理做出具体规定,以应对水产品安全领域不断出现的新问题。

二、大连水产品质量安全监管现状

(一) 大连水产品质量安全监管工作基础

1. 开展水产品药物残留专项整治工作

由于浙江舟山出口到欧盟的冻虾仁被检出含有氯霉素,2002 年 1月 25 日,欧盟作出了全面禁止从中国进口动物源性食品的决定,美国、日本等国也开始高度关注我国出口水产品的质量。这一决定使得我国水产出口企业,特别是水产出口龙头企业遭受了严重的损失,从而也为水产品质量安全问题拉响了警报。大连渔业行政主管部门对此立即作出了反应，根据农业部和国家质量监督检验检疫总局联合下发的农渔发〔2002〕15 号文件精神，立即在全市开展了水产品药物残留专项整治工作，对禁用药物的生产、经营和使用进行了重点整治，进一步规范养殖、捕捞生产行为，并完善出口水产品加工企业质量管理制度。为巩固这次专项整治工作成果，市海洋与渔业局还不定期地对水产生产企业进行执法大检查。

2. 实施两证制度

所谓两证，即养殖证和水产种苗许可证。两证制度是渔业的基本制度，实施两证制度可以有效地规范大连水产养殖生产，保证了水产品质量安全和渔业经济的可持续发展。目前，在大连两证实施工作已全面展开，进展顺利。

3. 无公害水产品产地认定和产品认证工作初见成效

为推动大连无公害水产品生产，提高水产品质量，维护消费者权益，适应入世后大连渔业面临的新形势，市政府于 2003 年 5 月颁布了《大连市无公害水产品产地认定及管理暂行办法》，并据此开展无公害水产品产地认定工作，成立了大连市水产品质检中心，对申报无公害水产品产地的养殖企业进行产地环境的检测。目前，全市已有上百家家企业通过了产地认定。这项工作的开展，有效地规范了水产育苗、养殖和加工企业的生产行为，在水产企业中树立了产品质量安全的理念，为渔业经济的发展由规模数量型向质量效益型转变打下了良好的基础。

4. 水产品市场准入制

为进一步提高水产品质量，规范水产品市场，保护广大消费者的身体健康，经市农产品质量安全管理工作领导小组研究决定，自 2004 年 7 月 1 日，大连对部分水产品实施市场准入制。确定了 20 家准入的定点市场，对包括海参、对虾、鲍鱼、扇贝等 13 种水产品进行抽样检测，主要检测重金属、有害元素、渔药残留、生物毒素等项指标。为确保这项工作的顺利进行，各相关部门明确分工，密切合作，做了大量的工作，先后举办了 6 期市场准入专题培训班，培训人员 430 多人次。目前，此项工作进展顺利，有效地规范了大连的水产品市场，并为今后大连水产品质量安全管理工作积累了宝贵的经验。

（二）大连水产品质量安全监管存在的主要问题

1. 渔业从业人员素质偏低

目前，直接从事渔业生产的人员素质普遍偏低，这不仅在大连，在全国也是一个普遍存在的现象。渔业从业人员思想保守，遵循传统，缺乏创新，水产品质量安全意识不强，存在着别人如何、我也如何的盲从思想，这直接导致了先进的生产工艺和管理理念不易被接受。

2. 水产企业的管理水平有待提高

近年来，通过无公害水产品产地认定和市场准入等工作的开展，许多水产企业的管理水平有了显著改善，涌现出如大连太平洋海珍品有限公司、大连獐子岛渔业集团、大连棒棰岛海产公司等一批优秀的企业，初步建立了现代企业管理制度，但是仍有不少企业的管理水平滞后于水产业发展的需要，部分企业诚信水平不高，质量观念淡薄，管理水平低下，生产操作不规范，产品质量得不到保证，偷用、滥用和不按规定使用渔药的现象还时有发生。

3. 行业管理需进一步加强

水产品质量安全意识和保证产品质量安全相关知识的宣传和普及，渔业生产特别是渔药、饲料添加剂、防腐剂等生产和使用的监督管理，相关的法律、法规、标准、操作规范等制定和执行，检验和监测手段的进一步完善，信息管理和水产品质量安全监控体系的建立等。

4. 科研投入需进一步加大

目前,水产养殖技术、生产加工工艺等还有待进一步提高,产业结构调整、新品种和新技术的引进和推广力度还需进一步加大。特别是水产养殖病害问题,现在已经成为影响水产品质量安全,制约水产养殖业健康发展的瓶颈,病害产生的原因比较复杂,既有生产工艺不合理,也有种质退化以及环境因素的影响,对于有些病害,目前还缺乏有效、健康的防治手段,这也是滥用渔药产生的原因之一。对涉及范围广、危害比较严重的病害,加大科研投入进行攻关,改革生产工艺、推广有效和健康的防治技术已势在必行。

三、水产品质量安全规制失灵原因分析

(一) 一般因素分析

1. 水产品质量安全信用机制不健全

规则和信用是市场经济的两大基石,市场经济是法制经济,也是信用经济。在许多情况下,法律无能为力,只有信誉能起作用。食品安全信用体系的建立是控制食品质量的有效保证。西方发达国家经过上百年的市场经济制度的建设,已经形成了一整套健全而有效的食品安全信用体系。目前,中国在建立食品安全信用体系方面还处于初级阶段,在市场经济秩序不完善的情况下,政府职能部门和消费者很难获得全部真实的有关食品安全的信息,难以做到事前控制。在利润的驱使下,不法者往往置信用于不顾。

2. 水产品质量安全监管标准不统一

产品质量的含义是指某一种产品或服务所具有的能够满足需求的全部特征。或者说,产品质量是指产品"反映实体满足明确和隐含需要的能力和特性的总和"或者是指产品满足需要的适用性、安全性、可用性、可靠性、维修性、经济性和环境等所具有的特征和特性的总和。在实际的生产过程当中,营销人员更多地强调消费者对食品质量的自身感受,然而食品科学家们主要致力于食品质量的准确测验。前者从需求的角度出发,后者则从供给的角度出发。在市场中,二者决定了实际的食品质量。根据消费者获取商品信息的途径,达比、尼尔逊及卡尼等经济学家将商品分为三类,即信用品、搜寻品、经验品。这种划分大大地方便了市场确定商品的质量水平和正确认识需求者与供给者之间如何传递有关商品质量的信息。消费者在购买消费品前就可以了解到消费品的内在特征以及外在特征。由于缺乏捕捞和加工需要的设备使用的标准,导致一些设备的滥用现象频繁发生,水产品质量安全的监督检测标准体系也不完善。我国一些地方水产养殖滥用药物现象一直得不到解决,导致一些水产品养殖户利用标准体系不完善的缺点大量养殖、生产和加工一些不符合水产品质量安全标准的水产品。此外,许多水产品质量安全标准已超过了修订的时间期限,而且新的标准与其他发达国家的差距也是比较大的,缺少有关保护环境方面的规章制度。

3. 水产品质量安全监管法律不健全

虽然有很多法律都包含了水产品质量安全的内容,但是由于处理方法不同,就会产生当发生纠纷时不知道适用哪部法律更合适的问题,这必然会影响法律的效果。有些法律还存在着许多不足的地方,在处理一些水产品质量安全事件时难免因为人为的因素而出现差错。

(二) 制度经济学视角分析

1. 信息不对称导致的规制失灵

信息不对称是指有关交易的信息在买卖双方之间分布的不对称,有可能卖方比买方拥有更准确的交易信息,这样买方就处于交易的劣势,然而卖方就会在交易一直占有优势。水产品行业存在着严重的信息不对称现象,水产品质量安全规制部门就一直处于劣势的地位,不能够完全了解水产品市场存在的质量安全规制问题。许多政府规制机构可能存在着重复执法的现象,就会发生权责不明、职责不清的现象。

现主要从下列两个方面对分信息不对称表现进行划分:根据发生的时间不同可分为一类,第一,事前信息不对称——导致逆向选择;第二,事后信息不对称——导致道德风险。而依据内容的不同可分为另一类,根据不对称的行动型信息和不对称的知识型信息可对内容的不对称进行划分。这两种分类存在着内在的联系,知识型信息的不对称造成事前信息的不对称,但不是行动型的信息不对称;知识型信息的不对称和行动型信息的不对称都可能是事后信息不对称的原因。(1) 逆向选择由事前信息不对称而引发。逆向选择即当信息不对称发生时,消费者由于缺乏鉴别商品优劣、真伪的信息,因此是否消费仅能依据市场产品的质量水平而决定,从而引发生产者选择低劣化的现象。(2) 事后信息不对称会引发"道德风险"。道德风险,也可称为道德公害、败德行为,指从事经济活动的人最大限度增加自身效益时做出的不利于他人的行为。即在信息上具有优势的卖方在买方对产品信息知道很少的情况下,损害买方利益的行为。会产生道德风险的因素可以分为知识和行动两种,阿罗则把这类信息优势分为"隐藏知识"以及"隐藏行动"。对于因卖方拥有在知识信息方面优势在最大限度地增加自身效益时做出的不利于买方的行为,称为隐藏知识的风险类型,即是指从事经济活动的人对于事态的发展掌握的某些信息,这些信息足够决定他们采取某些恰当的行动,但别人不一定能完全观察得到。对因卖方拥有某不可观察行动的优势在最大限度地增加自身效益时做出的不利于买方的行动,称为隐藏行动的风险类型,即是指具有信息优势的一方有不能为其他人明确观察或了解的行为。由于个人机会主义的动机,个人有实现自身效益最大化(如偷懒、工作不认真等)的愿望,加上由于信息不对称形成的隐藏行动及隐藏信息使得另一方无法进行索赔或限制,这时就能出现道德风险。

2. 政府集权规制的监管模式

政府集权规制的监管模式主要有以下特点:

(1)监管的机构和监管人员以个人的利益最大化为目标,无视他人的根本利益,在水产品质量安全监管中经常一手遮天。这就导致水产品质量安全事件的不断发生。

(2)有一些地区,只要领导同意的事情就一定会去执行,这就导致领导者的个人权力高于一切,这必然会产生官官相护的现象。当有水产品质量安全事件发生时,领导者通过自己的个人权力任意包庇他人,这就使得原有的监管模式失去了其存在的价值。

(3)监管机构和生产商之间因为共同的利益而勾结在一起,往往忽略了法律的存在,又因为是领导者个人权力在手,所以官商勾结的现象越来越严重。实践证明,没有制度的约束,仅仅依靠领导的指示,搞一阵风式的大检查不足以遏制当前存在的水产品质量安全危机,更无法保证水产品质量安全的持久性。

3. 产权不清导致的负外部性

外部性存在于一个经济单位的活动中,能对其他经济单位的活动产生一定影响。外部性包括正外部性和负外部性。水产品质量安全的负外部性可以从两个方面进行分析。一方面是由于非正规厂商生产假冒伪劣水产品引出的负外部性。当产权不清的情况发生时,消费者难以区分质量合格产品与质量不合格产品的产权归属,于是非正规厂商就可以凭借正规厂商的品牌实现其对于不正规水产品的出售,从而能够获得非法的收益。非正规厂商生产、销售质量不合格的水产品,不仅对消费者的消费产生了影响,而且也对消费者的心理带来了负面的影响。由于非正规厂商质量不合格产品对消费者心中造成的阴影,就会降低正规厂商产品的生产和销售的数量,从而会出现在行业内的负外部性。另一方面是由于环境污染带来的负外部性。水产品污染的原因是来自于多方面的,其中,重要方面则是环境污染,环境污染就属于负外部性。如一个水产品养殖户在生产过程中严格按照要求使用渔用药物,即使他在生产过程中没有对环境造成污染,但同样要面对由其他的水产品养殖户所造成的环境污染。与之相反,如果他在生产过程中不考虑保护环境问题,所造成的环境污染成本也不由他本人承担,就会转换成社会的成本,由所有的人共同承担的。

4. 因不完全契约而产生的信用危机

市场上出现众多的假冒伪劣水产品现象的直接原因在于利益的驱动。在不完全契约的条件下,利益驱动引发了水产品安全的信用危机。从原料的种植或养殖过程到加工、包装过程,再到运输过程,直至最后进入市场流通过程和零售环节,整个水产品产业链上的每一环节都可能对水产品安全产生直接或间接的危害,而且在水产品产业链上的各个环节都可能出现信息不对称,政府职能部门和消费者很难获得全部真实的有关水产品安全的信息,难以做到事前控制。出于利润的驱使,不法者往往肆无忌惮地弃信用于不顾。

四、大连水产品质量安全监管对策建议

(一) 加强水产品质量安全源头控制

1. 加强养殖水域环境控制

结合无公害水产品产地的认定工作,认真做好养殖水域的水质检测工作。无公害水产品产地的条件之一就是必须要有有资质的检测机构所出具的证明水质条件符合无公害标准的产地环境检测报告和产地环境质量现状评价报告。第一,要加强水产品水域环境治理。第二,要对水源水质要进行有效的监测。第三,要做好水资源污染后的净化及防疫工作,加大科研力度,改善循环水和净化水的使用效率。第四,要加强法律法规及行业标准控制对水源及周边环境的污染,并且严格监控、管理与监督。第五,尽可能地养育可以净化水资源的生物,通过生物循环来净化水质,尽量避免使用化学药物。

2. 严格把好水产种苗关

2005年1月农业部颁布了新修订及正式实施的水产苗种管理办法,为加强水产苗种管理提供了法律依据,该办法明确了水产苗种生产实行许可证制度,并规定了水产苗种生产许可发放的条件、程序和审批权限及事后监督,具有很强的可操作性,对规范苗种生产、防止外来病害入侵、保证水产品质量具有重要的意义。此外,做好这项工作,还应加快大连的原良种场建设,为水产育苗提供优质、健康的苗种。

(二) 完善水产品质量安全法制法规

1. 完善对水产品质量安全法律法规体系

加强和明确渔业的质量安全管理,树立属于自己的质量安全法律体系。严格遵守《食品安全法》《渔业法》《兽药管理条例》及《农产品质量安全法》等有关水产品质量安全的法律法规。严格遵守禁用药物规定,从根本上阻止水产品质量安全事故发生。当前存在的法律中有一些不足的地方要及时修改,要将水产品从"渔场到餐桌"的全过程都纳入到法制管理的轨道中来,切实保护消费者的利益。

2. 加强水产品质量安全违法处罚力度

当水产品质量安全事故发生时执法部门的法律效力不够,使一些违法者并未受到应有的惩罚,因此导致大连市水产品安全事故频繁发生。水产品质量安全管理工作是否取得成效,与严格的执法力度密不可分,这里不但包括对捕捞、加工生产企业在投入品的使用等方面的监督,还包括对用药、饲料等生产、销售企业的监督以及对市场流通领域的监督。要做好这方面的工作,首先,要加强对于相关法律、法规的制定以及宣传,提高水产品生产商的质量安全保护意识;其次还要加强行政部门人员的法律教育,培养执法人员的质量安全保护意识,除此之外,各职能部门应该明确分工、加强合作、建立明显有效的产品溯源制,对于不符合规定的的企业,要给予其严重的处罚,并且警告他们问题的严重性。

3.对水产品质量安全管理人员实行责任倒查制度

政府职能部门应该对已发生的等会产品安全事故,进行详细的调查,除了对当事人严格查处外,还要对其他有关的人员进行调查并予以警告,使那些认为自己可以不劳而获的官员意识到自己的错误并给予一定的警告。

(三) 加强水产品流通领域监督管理

1.加强水产品在流通过程当中质量控制技术研发,提高流通的效率

加强新的水产品流通过程中安全控制技术方面的技术开发,不但要加强育种、养殖、流通、贮存以及检测等全方位、多方面新的技术应用与开发,还要加强研究水产品的现代流通方式、研发新型专用的水产品运输设备,减少流通所需环节,确保水产品在流通过程中的质量安全。据统计,因为缺乏先进的运输设备和运输工具,中国水产品在物流环节上的损失率高达 25%~30%,也就是说约有 1/4 的水产品在物流环节中损耗了,而发达国家把这个损耗控制在 5% 以内。我们应

该加强对水产品质量控制技术的研究,整体上提高我国水产品流通过程中质量控制技术的水平,建立起高效率、低成本的水产品物流配送体系和流通服务体系,提升鲜活水产品的流通效率。

2. 进一步完善市场的建设,确保鲜活水产品的质量在流通上的安全

完善水产品市场硬件配套设施是提高水产品流通领域质量安全水平的首要因素。在加快水产品市场建设过程中,除了对水产品市场的水、电和道路系统进行改造以外,市场的设计还应该考虑到水产品自身独有的特点。上下水的设计应该为水产品专门设计的、密闭的,设计独立的货运通道、水道和人行道。

市场的信息是货物流通的基础,现代高效的货物流通离不开信息系统的支撑。水产品市场信息搜集和交流的覆盖面积小,传递手段的落后,交换周期过长,必然会影响到市场信息的准确性与时效性。水产流通信息化建设滞后已成为水产品流通业发展的重要制约因素之一。因此,大力加强信息化建设,整合网络技术力量和信息资源,建立权威的、统一的网络平台,保证在市场、媒体上、互联网及时公布水产品质量安全状况的监测结果,有利于让消费者能及时了解到市场上水产品质量安全的最新信息,提高广大消费者的监督力度。

此外,还应当以最快的速度建立起能够追溯的技术体系,能够便于政府实施监察、实施市场准入制度,能够便于消费者查找到产品的相关信息,并能使消费者消费的信心有所增强,使生产经营者的责任意识有所提高,从而有效的提高水产品的质量。目前,我国在这些方面已经有了很好的起步,但仍与发达国家之间存在着较大的差距。如欧盟《食品法》中规定,食品、饲料、供食品制造用的家畜以及与食品、饲料制造相关的物品,在生产、加工、流通等阶段,必须建立起可追溯性系统。欧洲和北美国家则早在水产品身份代码、信息的采集和管理、信息范围的确定、数据处理等水产品可追溯技术领域的多个方面

开展研究并将取得的成果应用于实践。可追溯技术具体可以从五个方面来着手实施,即产品标识技术、产品准入管理、产品交易管理、抽检信息实时发布和产品信息追溯。

3. 加强市场监管力度,提高水产品流通环节中的质量安全等级

加大对水产批发市场的经营管理力度,可以很好地较大范围的提高鲜活水产品流通的安全性。完善市场的经营管理制度,建立更加完善的市场准入制度,加大市场监管的力度,规范加工、流通过程中的用药行为,杜绝用违规药、胡乱用药等不法行为,加大对违法交易者的处罚力度,实现批发市场的规模化、规范化经营。水产品市场准入制度是政府规范水产品市场的秩序、保障消费者的消费安全的一种重要手段,也是加强水产品流通领域中质量安全水平的有效措施。应该进一步完善市场制度的建设,规范交易的行为,以确保水产品能够在较安全的方式下进行流通、销售。同时,还要注意加强水产品经营者对相关规定和水产品质量安全知识的普及和宣传,引导他们走向规范化经营之路。切实做好市场准入工作,市场准入制度是防止不安全水产品流入市场的最后一道关卡,产品可溯源是这项工作能够顺利进行的重要保证,产品标签制和实现产销对接是保证产品可溯源的有效手段。目前,已准入的水产品市场产品标签制执行得不规范,有的只标到地区,没有反映到具体的企业,有的还没有标签。实行标签管理是实施追溯制的关键环节,产地也正在推行这个制度,市场管理部门应把这项工作纳入真正的管理渠道中。

(四) 加强水产品生产过程监管

1. 建立和推广标准及操作规范

水产的标准化工作是一项基础工作,水产品质量安全管理工作

离不开先进而完备的标准体系建设，产品的标准和生产操作规范是水产品质量安全的技术保证，先进的生产工艺也只能据此而建立，只有全生产过程按标准和技术操作规范组织生产，产品质量才能得以确保。做好这项工作，首先，要搜集和整理现行国家、行业、地方和企业标准，并密切跟踪国际先进标准，这里既包括产品标准，也包括检验检测标准，建立信息资源库；其次，要做好示范和推广工作，对于已有的标准要加快宣传、培训和推广力度，结合大连实际情况，加紧进行标准化示范基地建设，并充分发挥其示范带动作用，对于目前缺乏而又急需的标准要加紧制定地方标准和企业标准并加以推广，防止出现标准的制定与实施、推广、监督之间存在脱节现象，特别是一些出口企业对于国际标准一定要有足够的了解，这方面的教训很多。

2. 建立健全并贯彻落实现代管理制度

对于企业自身来说，在生产过程中要全面推行五项制度，即生产日志制度、科学用药制度、水产品加工原料监控制度、水域环境监控制度和产品标签制度。把责任落实到人，用制度来规范各环节生产行为，使生产全过程都能按照标准化的要求进行。制度的建立固然重要，但更重要的是要落实，只有这样才能确保生产过程中不出现质量问题。

部分企业滥用或不按规定使用渔药，是目前影响水产品质量安全的最重要的因素。有些企业技术人员一个人就可以决定使用什么渔药以及如何使用，这给水产品质量安全带来极大的隐患，解决这一问题，除了企业自身要建立规范的投入品使用制度以外，实行技术人员上岗证制度也是非常必要的。

(五) 建立水产品质量安全监控体系

1. 建立信息监管系统

充分利用现代化信息网络技术，建立预警机制和信息传递体系，第一时间掌握最新的质量安全动态，了解最新的技术、标准信息和市场信息，树立先进典型，宣传好的经验和做法，指导企业进行生产，及时有效地协调和解决突发性问题。

2. 加强水产品检测体系建设

保证水产品质量安全，很重要的一项工作就是对于水域环境和药物残留的检测，而这项工作离不开先进的检测设备、高素质的检测人员队伍和严格的管理制度。因此，加大资金投入、加强硬件建设、装备先进的检测设备是前提。此外，还要加大科技投入、研究检测方法、加强人员培训、保障检测水平。在实验室管理方面，要扩大国内、国际合作与交流，借鉴国内外先进的管理经验，加强实验室间的学习和交流，争取取得双边或多边认可。

3. 积极推行认证制度

在已取得成果的基础上，继续搞好无公害水产品产地和产品的认定工作，这项工作是实施水产品市场准入的前提和基础，必须要认真的开展，让合格的企业尽快通过认定。

第九章 大连渔业安全生产

大连市坚持"以人为本"和全面协调可持续的科学发展观,坚持"安全第一,预防为主"的方针,牢固树立"安全生产责任重于泰山"的观念,综合治理,安全发展,强化渔业安全生产监管责任,以隐患排查和整治为切入点,深入开展渔业安全生产专项整治,立足防范重特大渔业事故,促进大连市渔业安全生产形势的稳定好转,为全市经济社会发展、建设创造安全稳定的环境。

一、大连渔业安全生产现状

(一) 渔船检验

为进一步遏制渔船安全事故,加强渔船安全生产监督管理,大连市出台相关措施,着力破解当前渔船安全生产面临的突出矛盾,不断提高海洋渔业安全监管工作水平,保障渔船安全生产。严格渔业船舶建造企业资质认可制度,加强修造船企业日常监督管理,依法取缔无资质修造船厂和沙滩船厂。加强渔船及船用产品、安全设备的检测检验,杜绝假冒伪劣船用产品上船。加强老旧渔船的管理,鼓励、督促企业和渔船船东更新淘汰有安全隐患的老旧渔船和装备。规范渔船买卖行为,严格船舶登记制度。禁止无船舶检验证、登记证、捕捞许可证(捕捞船)和存在安全隐患的船舶从事海上渔业生产,依法清理和严厉打击"三无"船舶。主要做法为:

1. 加大"三无""三证不齐"船舶整治力度

渔政、渔监、船检执法部门依法履行好各自职责,同时加强相互间的配合,保证"三无""三证不齐"渔船整治效果。对清理出的从事养殖、渔业辅助的船舶,严格按有关规定和程序上报审批,依法纳入规范管理。

2. 加强对小马力养殖、捕捞渔船的监管

制止小马力渔船"超风级、超航区"行为。各级渔港监督港口站加强对大风恶劣天气渔船动态监控,严格执行渔船抗风等级和航区规定,严格进行签证管理。一经发现"双超"渔船,依法严肃处理。

3. 加强对养殖渔船收获季节的安全监管

遏制养殖渔船超员、超载行为。长海、庄河、开发区、金州等重点区市县,结合各自实际,研究具体对策,强化措施,加大对养殖渔船超员、超载的监控力度,防止由此引发的恶性事故。

4. 加大对转港渔船的监督检查力度

加强转港生产渔船全过程的安全监督管理,严格执行《大连市渔业船舶转港安全生产管理办法》有关规定。凡有渔船转港到山东生产的区市县,都由主管局长带领渔政、渔监、船检部门到辖区转港渔船所在地进行跟踪安全监督检查,全面了解和掌握转港渔船动态,认真组织落实好冬季罢海后的安全返连工作。认真检查船舶状况,保证安全适航,有问题的不得强行返连。落实编队,编队船之间必须保持通信联络,不得单船返连。收听好气象预报,不能盲目、冒险出海航行。经过成山头、老铁山交管水域时,船长必须亲自驾驶。加强值班瞭望,尤其是晚间,更不得疏忽大意,要确保安全航行。

5. 加强对老旧渔船监督管理

各级渔船检验机构执行关于老旧渔船的管理办法,从严检验老旧渔船,要船证相符,强化检验工作。加强现场检验,不能走过场。对不符合条件的,该淘汰的一律淘汰,决不能感情检验,更不能违规检验、冒名顶替渔船检验,要从源头上消除隐患。

6. 加强造船厂、点监管

整治非法造船窝点和沙滩船厂随意造船的违法行为,把住救生、消防等船用产品上船关。

7. 加强对各类渔船非法载客的监控

加强海上和港口检查,严厉打击各类渔船拉游客海上垂钓、观光等违规行为。特别是元旦、春节期间,陆岛交通繁忙的地区,特别注意渔船借客船停航和客运紧张之机,非法载客营运、旅游或走亲访友的现象。重点渔港、重点部位严看死守,加大监管打击力度,防止重大事故发生。相关区市县加强重要时段的海上检查,凡发现上述情况,立即将渔船押解回港,严肃处理。

(二) 港航监督

渔港是监督港航安全的前沿阵地和重要依托。渔港监督执法人员进驻港口,监管阵地前移,强化对渔船、渔民零距离的安全监管完全必要。各级渔港监督部门强化渔业港航日常安全监管,把握工作方向,不断创新工作思路,突出渔港内人船并重管理。特别是在制止越界捕捞、护渔执法等行动中,各渔港监督港口站发挥了重要的作用,凸显工作优势。2011 年,各级港口站对渔船进出港签证 170 848 艘次,登船检查 51 936 艘次,纠正违章 1 331 艘次,处罚渔船 1 243 艘次,罚款 56 万元。

1. 加强港口现场监理

依据渔业港航安全监督规定,把住港口关,对各类渔业船舶登船进行检查、签证,对达不到渔船安全适航条件的坚决不准出海。切实加强渔业运输船舶的监督管理,宣传、贯彻落实《大连市渔业运输船舶安全管理规定》,严禁渔船超风级、超航区、超载、超员、装运非渔业生产物资和易燃易爆等危险品,从源头上消除可能发生安全事故的隐患。

为强化渔港港域监督检查工作,有效制止不具备安全适航条件渔船擅自出海,保证渔业海上安全生产,大连市渔业行政执法机构进驻渔港的渔港监督管理站急需配备海上安全监督检查执法摩托艇(同时可参与应急救援)。这既是大连市渔业安全生产监管形势的需要,同时也是贯彻落实大连市人民政府办公厅下发的《大连市人民政府办公厅关于加强全市渔业安全生产工作的通知》(大政办发〔2009〕169 号)中"积极推进公共事业保障应急队伍建设,配备应急抢修的必要机具、运输车辆和抢险救灾物质""加强渔港安全基础设施建设,完善港口监控、消防、照明、救灾船艇等设施。强化渔业安全监督检查,完善渔业安全生产监管体系,落实渔业安全生产监管机构编制、人员、经费、装备等"精神和要求。

2. 渔港的安全管理

冬季罢海后,大批渔船集中停泊在渔港内,渔港及渔船的防风、防火、防盗窃、防冰冻和防中毒的"五防"工作尤为重要。各区市县组织力量进行专项检查,及时发现隐患,堵塞漏洞,确保渔港、渔船的"五防"安全。加强对渔港内加油站和进入港内的加油车、加油船的监管。未经批准,不得在渔港内设立加油站、点,从事各类加油业务。没有合法手续的加油车一律不准进入渔港为渔船加油,加油船不准在渔港内停靠。对有合法手续的,按照有关规定指定加油位置,并严格设置防火设施,保证安全。

各渔港及渔船集中停泊的自然港湾建立防火责任制,明确责任人,落实具体措施。渔港所有人、经营人或使用单位是渔港防火第一责任人,认真履行职责。组织渔政、渔监、船检执法人员对渔港秋冬季防火工作进行专门检查,及时发现隐患,采取有效措施加以解决。没有渔港监督人员进驻的渔港和渔船集中停泊的自然港湾,按属地化管理的原则,由渔业行政主管部门组织进行防火检查。

渔港安全值班和信息管理,保证通讯畅通,做好大风气象信息传递和突发事件的应急处置。做好大风气象信息的传递工作,提高处置突发事件的能力。加强节假日安全值班,主要领导亲自带班。各级渔安委(渔安指)主要领导保证 24 小时电话可以联系上,提高处置突发事件的实效性。

3. 涉外渔业管理

加大监管力度,严禁越界捕捞,减少涉外事件发生。对大连市在中韩过渡水域和朝鲜东海岸生产的渔船船东、船长,进行双边渔业协定及有关法律法规的培训教育,并签订保证书,一旦违规,取消其入韩生产指标。对于未经批准擅自出境的渔船,想办法立即召回。

(三) 生产检查

大连市在隐患排查治理的基础上,结合渔业安全生产专项整治内容,排查渔业安全监督管理和生产中的薄弱环节,治理事故隐患。积极开展以渔业生产企业、渔港码头、渔船集中停泊点和从事渔业生产的"三无"船舶为重点的渔业安全生产专项整治。

生产检查的内容主要有:各级海洋渔业行政主管部门监管责任及渔业乡镇政府、村委会有关职责的落实;各级渔业安全应急预案、渔港防火管理制度与应急部署以及安全设施设备的设置配备的落实;渔港监督执法人员进驻的港口监督站港航安全监管责任的落实(包括辐射周边无人进驻渔港及自然港湾);渔港(渔船)防台预案与风情传递措施的落实;渔船检验、登记、签证管理以及渔船作业风级与航区、渔船运输与定员、船员培训与持证规定的执行落实;渔船编队与转港生产、养殖渔船与滩涂养殖作业运输安全管理的落实;渔船消防救生设备配置与应急部署的落实;各级渔业安全值班制度和渔业执法船备航规定的执行以及抢险救助资金的落实;已排查的隐患治理责任及措施的落实;渔业捕捞、养殖企业、渔港所有人或经营人、修造船厂以及渔船船东(船长)安全生产主体责任的落实,深入开展隐患排查治理。

1. 渔业安全生产隐患排查治理

大连各区市县在组织进行全面排查的基础上,抓住以下突出问题和薄弱环节,加大隐患排查工作力度:一是小马力渔船"超风级、超航区"生产作业的问题;二是养殖渔船超载运输的问题;三是渔业运输船舶超载、超风级运输的问题;四是渔船私自改变作业性质,非法载客从事海上观光、拉游客钓鱼问题;五是用渔船作代步工具走亲访友的问题;六是渔港未经批准从事非渔货物运输、渔船运输非渔物资问题;七是未经批准在渔港内私建油库、渔港内乱停泊油船、加油车进入港内加油不按规定管理等问题;八是渔船集中停港期间的防火问题;九是大风恶劣天气气象信息不能及时传达到海上每条渔船,渔船不能及时采取有效的预防措施问题;十是养殖渔船拉人到浅海增殖区生产作业、分苗季节搭载多人出海问题;十一是转港生产渔船不研究天气状况,大风天冒险航行问题;十二是渔船违反规定在航道站锚、在通航密集区生产作业,且不加强值班、瞭望,时常被大船撞沉问题。

2. 渔业生产专项整治重点内容

一是加强海上安全生产秩序管理,整治"三无"、"三证不齐"船舶以及淘汰报废渔船从事渔业海上生产的违法、违规行为。

二是加强各类渔船静态管理,整治各类渔船不依法进行年审、年检;整治不按规定刷写船名号、悬挂船名牌、多船一牌(套牌)、乱刷乱挂船名牌的违规行为。

三是加强各类渔船动态监管,整治各类渔船私自改变作业性质,非法从事运输、载客海上观光、游钓以及以渔船代步走亲访友;整治不按规定编队生产或编队生产不到位、转港生产渔船不收听海上气象预报、冒风出海;整治在成山头、铁山、烟大轮渡等交通管制水域以及商船航道、通航密集区锚泊、作业的违规行为;整治不按规定配备渔船安全救生、消防设备的违规行为。

四是加强各类渔船抗风等级监控,整治小马力捕捞渔业船舶"超风级、超航区",养殖渔船"超风级、超载"以及网箱养殖看护人员大风天滞留海上的野蛮生产行为。

五是加强出海生产渔船人员配备的管理,整治违反省厅《关于中小型渔船作业人数实行定员管理规定》的行为;整治船员无证上岗、驾驶人员无证驾驶或冒名顶替的违法行为;整治养殖生产在分苗、收获季节,养殖渔船严重超员运载生产人员以及各类渔船承载生产人员到养殖筏地、浅海增养殖区分苗、收获、采捕作业的行为。

六是加强渔港、渔船安全防火监管,整治未经批准在渔港内私建油库、油船随意在渔港内停泊、加油车进出渔港内加油不按规定管理等隐患。

七是加强造船厂、点监管,整治非法造船窝点和沙滩船厂随意造船的违法行为,把住船用产品上船关。

八是加强渔船编队生产、联组作业的管理。贯彻落实《大连市渔船编队生产管理办法》,将渔船编队生产、联组作业纳入专项整治的重要内容,进一步规范了渔船编队生产、联组作业的组织管理。2010 年全市渔船编队 2 549 个,所辖渔船 26 699 艘。

(四) 建章立制

大连先后制定出台了《大连市渔业海上抢险救助应急预案》《大连市渔业防台工作方案》《大连市渔业运输船舶安全管理规定》《大连市海上养殖安全生产管理办法》《大连市渔业船舶转港生产管理办法》《大连市渔船编队管理办法》等一系列规章和规范性文件,渔业安全监管工作规范化程度明显提高。主要表现在:

进一步完善了各级渔业安全工作会议制度。适时以市政府名义召开全市渔业安全生产工作会议,每季度召开全市渔业安全工作季度例会,并定期、不定期的召开成员单位工作会议,研究渔业安全工作中出现的新情况、新问题，制定解决的办法和措施，抓好各项工作的落实。

进一步强化了安全大检查和领导督查制度。根据渔业生产的特点，每年坚持开展春季、秋冬季、伏季休渔和防台大检查及转港生产渔船的跟踪大检查等全市性的集中统一行动。"十一五"期间的 2006—2010 年五年间，全市共组织各类安全检查 5 787 次，检查渔船 152 719 船次，纠正违章渔船 12 258 船次，处罚渔船 3 679 船次，罚款 271 万元。配备消防、救生、号灯号型等渔船安全设备 6 479 件（个）。全市共组织各类安全督查 36 次，抽查渔业乡镇（渔村）242 个、渔港及自然港湾 337 处、渔船 3 104 艘次。

进一步加强了事故"四不放过"制度落实。对渔业海损事故，按照要求及时组织调查，查明事故原因、确定事故的性质、判明事故的责任。一般渔业海损事故，由事故所在的县区渔业行政主管部门查清事故原因，完成事故调查处理报告，报同级政府同时抄报市渔业行政主管部门。较大及以上事故由省、市渔业行政主管部门联合调查处理，并将事故调查和处理情况报同级政府。在总结事故教训，落实防范措施的基础上，按照"四不放过"的原则，追查事故责任人的责任。

（五）教育培训

目前渔业事故多发的最重要的原因就是渔船船员素质低下，与合格渔船船员要求相比有很大的差距。大连全市各级政府应在财政、信贷、政策、税收等方面加大对渔业行业教育培训体系建设的支持，投入资金建设 12 个配套设施齐全的渔业教育培训基地，其中市级 1 个，区市县、先导区 11 个，用来加强对渔业从业人员和管理人员的安全生产知识和法规的教育培训与知识更新。同时各级政府还应投入资金研发教育培训管理软件系统，建立培训信息档案管理数据库，形成比较完善的渔业安全教育培训体系。

加强宣传教育和舆论引导工作,根据渔民群众、渔区特点及生产实际,充分利用国家安全生产月、伏季休渔、冬季船舶休整上岸等时机,组织开展多种形式的宣传教育活动,把安全生产知识和科普常识宣传到港、到船、到村、到户,提高全体渔民的安全生产意识。积极开展"平安渔船""平安渔港""平安渔村"创建活动,为大连市渔业经济平稳较快发展提供良好的安全环境。

(1) 以每年的国家安全生产月为契机,大张旗鼓地开展渔业安全生产的宣传活动。"十一五"期间,大连市海洋与渔业局会同省海洋与渔业厅和有关区市县政府,先后在甘井子区的棉花岛渔港、普兰店市的皮口渔港、长海县的獐子岛渔港、金州区的杏树渔港、辽渔集团码头举行了渔业安全生产月咨询日活动,收到较好效果。

(2) 通过召开渔民大会、座谈会、巡回演讲等形式,开展对船主、船长安全生产法、渔船防台、重大事故案例剖析、防灾减灾等一系列专题教育培训。

(3) 加强了渔业船舶船员技术、技能培训,不断提高渔业从业人员的安全生产意识和生产技能。以渔业安全生产、减灾防灾和渔民职业安全技能为主要内容,建立了适应大连市渔业经济发展要求的安全生产培训和宣传教育体系,实现渔业安全生产培训和宣传教育的制度化、法制化、经常化。"十一五"的 2006—2010 年五年间,大连地区共组织安全生产宣传教育 1 356 场次,共印发各种安全生产宣传材料 216 450 份,受教育渔民 16 9701 人次,共培训四等、五等职务船员 31 380 人,普通船员 28 479 人,较大幅度地提高了渔业船舶船员的持证上岗率。

(4) 涉外渔业管理的培训,特别是大连市在中韩过渡水域和朝鲜东海岸生产的渔船,将这些船东、船长集中起来,进行双边渔业协定及有关法律法规的培训教育。

二、大连渔业安全生产信息化建设

大连市渔业安全生产信息服务监控系统融合了各种现代科学技术,形成一个覆盖大连市渔船、渔港及海域,连接市、县、乡、村、船、港的一体化安全信息服务监控网络系统。在服务平台中有 AIS、北斗、GPS 手机、短波、超短波、渔港监控、气象预警和海区监控、视频等功能,为安全信息播报与接收、遇险报警、抢险救助指挥提供通信保障,形成一个覆盖 200 海里海域的渔业安全生产监控系统。为渔业管理部门和用户提供实时、有效、准确的定位和跟踪渔船的位置信息、渔船状况、作业情况等,提高渔业管理能力,减少灾害,有效地保护渔民的生命财产安全。

(一) 渔船北斗船位监控管理系统

渔船北斗船位监控管理系统主要由北斗卫星导航系统、网络化的北斗运营服务中心、岸上监控台站、北斗海洋渔业船载终端四大部分构成。该系统不仅为海上渔业生产作业者提供自主导航、遇险求救等安全生产服务,还可提供航海通告、海况、鱼汛等增值信息服务。根据渔业防灾减灾工作需要,大连市将为 1 735 艘 58.8 kW 以上渔船配备北斗船位导航监控设备,从而改善、提升渔业管理部门应急事件的组织、指挥和协调能力,提高海上搜救的效率和成功率,避免和减少渔业海上安全生产事故发生,维护渔民群众生命财产安全。

(二) AIS 船舶自动识别系统

AIS 船舶自动识别系统是随着信息技术产业的发展而出现在航海领域的新型应用系统。该系统集信息采集处理、无线电数据传输、地理信息系统(GIS)于一体。AIS 系统的发展给船舶航行安全带来极大的保障。由于 AIS 设备具有发送和接收船只综合航行信息的功能,能直观地在 AIS 显示屏上"看到"周围航行船只的航行情况,并能通过相关计算,了解自己与其他船只相遇的交会点,能极其方便地预测船只航行的安全,并能提供船舶安全航行警告信息。因此,AIS 船舶自动识别系统是从安全角度进行考虑的一个实时的地理信息系统,具备实时监控船只信息、及时发现事故隐患并能及时避免船只发生碰撞等优点。

根据全市渔业防灾减灾工作需要,大连市将为 5 948 艘 29.4 kW 以上渔船配备 AIS 自动识别避碰系统终端,同时完成全市 12 座 AIS 基站建设,努力增强渔业海上安全生产保障能力,有效防范和减少渔业海上安全生产事故的发生。

(三) GPS 救助定位通信系统

通过救援用 GPS 手机将定位信号和信息采用 GPRS 方式或移动短消息方式,通过移动基站、移动网关,接入到 Internet,然后进一步接入到中心平台,通过中心平台来进行信息统一处理、存储和显示。GPS 救助定位通信系统终端具有以下定位监控功能:GPS 定位:通过 GPS 定位,获得当前位置的经纬度、速度和航向等信息;位置报告:通过设置,手机可以定时向中心平台报告当前位置;点名报告:中心平台可以通过点名命令获取目标手机当前最新位置信息;SOS 报警:通过救援用 GPS 手机 SOS 报警按钮,可以向中心平台发送 SOS 紧急报警信息。

根据渔业防灾减灾工作需要,大连市将为 27 600 艘 29.4 kW 以下渔船配备 GPS 救助定位通信终端,对遇险情渔船实施应急准确救援。

(四) 渔船无线射频识别系统

渔船无线射频识别系统(RFID),是一种通信技术,可通过无线电信号识别特定目标并读写相关数据,而无需识别系统与特定目标之间建立机械或光学接触。渔船上安装无线射频识别器,其配套的港口接收设备在其作用范围内,便能接收其信号,实现自动识别渔船身份。"十二五"期间,为全市 6 957 艘海洋渔业机动渔船安装无线射频识别器,并在 3 座国家中心渔港、5 座国家一级渔港和 44 座二级渔港安装104 台无线射频识别接收器,为 36 座渔港监督站配备 72 套手持无线射频识别器,为 21 艘渔政渔监执法艇安装固定无线射频接收器,并建设船载平台。

(五) 渔港 FPMS 日夜远程监控系统

大连市已有 11 座渔港安装了渔港监控设备。该批渔港远程监控系统采用索尼 CK22 彩色摄像机、TF 激光照明系统(可照射 1 500米)、TF 视频服务器(摄像资料可保存 3 个月)、TF 三合一避雷等设备,通过渔港监控中心平台实现远程实时查看。白天距港内 2 000～3 000 米、夜间 1 000 米的渔船及设施均清晰可见,渔港监控实现全港覆盖。通过试运行,渔港安全监控系统性能良好,运转正常,监控效果明显。渔港及渔船管理水平有了明显提高,港内停泊渔船违法违规现象明显减少,港内渔民、渔船的安全得到可靠、有效保障,切实保障了广大渔民群众的根本利益。规划期内,建设渔港监控系统41 套,全面覆盖全市二级以上重点渔港,提升对全市渔港渔船管理科学手段。

(六) 渔船安全救助信息服务平台

平台采用渔船自动识别避碰系统(AIS)、北斗卫星船舶定位通信终端、GPS 救助定位通信终端和计算机网络与数据处理等技术,实现对海洋渔业船舶海上生产作业情况实时监控、海陆间全天候卫星通信和自动识别防碰撞。

三、大连渔业安全生产重点建设任务

（一）渔业安全设施和装备建设

1. 渔港安全基础设施建设

继续争取财政投入和国家支持，进一步加快推进国家中心渔港和一级渔港建设的步伐，实现全市平均120公里海岸线内有1座国家一级以上渔港的科学布局。扩建、维修二、三级渔港，突出中小型渔港避风防灾功能建设，提高防波堤、码头和护岸质量，完善港口监控、消防、照明、救灾船艇等设施，形成以国家中心渔港、一级渔港为主体，以二级、三级渔港为支撑的渔港防灾减灾体系。

2. 渔船安全质量

严格渔业船舶建造企业资质认可制度，加强修造船企业日常监督管理，依法取缔无资质修造船厂和沙滩船厂。加强渔船及船用产品、安全设备的检测检验，杜绝假冒伪劣船用产品上船。加强老旧渔船的管理，鼓励、督促企业和渔船船东更新淘汰有安全隐患的老旧渔船和装备。规范渔船买卖行为，严格船舶登记制度。禁止无船舶检验证、登记证、捕捞许可证（捕捞船）和存在安全隐患的船舶从事海上渔业生产，依法清理和严厉打击"三无"船舶。

3. 渔业安全通信网络建设

加快推进信息技术在渔业安全生产中的应用，完善卫星、短波、超短波、移动电话"四网合一"的渔业安全通信网，建立全市渔业安全生产信息指挥系统，在88 kW以上渔船、远洋渔船和涉外渔船上逐步配备北斗船位导航监控终端设备，为安全信息播报与接收、遇险报警、抢险救助指挥提供通信保障，形成一个覆盖200海里海域的渔业安全生产监控系统。

4. 渔业安全技术装备

为 29.4 kW 以下捕捞渔船及养殖渔船上配备 GPS 救助定位通信设备和短波超短波气象预警主动广播接收机设备;为 29.4 kW 以上渔船配备气胀式救生筏和 AIS 自动识别避碰设备;为 58.8 kW 以上从事远洋和中日韩过渡水域生产作业渔船安装北斗船位导航监控系统终端;为大洋性和过洋性远洋渔船配备卫星电话、卫星识位标和船位监测系统等设备,实施对远洋渔船动态跟踪监控和船位监测;为全市海洋渔业机动渔船安装无线射频识别器,在 3 座国家中心渔港、5 座国家一级渔港和 44 座二级渔港安装无线射频识别接收器。

5. 渔业安全信息服务监控平台

渔港渔船安全信息服务监控系统融合了各种现代科学技术,形成一个覆盖大连市渔船、渔港及海域,连接市、县、乡、村、船、港的一体化安全信息服务监控网络系统。在服务平台中有 AIS、北斗、GPS 手机、短波、超短波、渔港监控、气象预警和海区监控、视频等功能,为渔业管理部门和用户提供实时、有效、准确的定位和跟踪渔船的位置信息、渔船状况、作业情况等,提高渔业管理能力,减少灾害,有效地保护渔民的生命财产安全。

(二) 渔业安全管理与监督

1. 渔业安全管理制度

积极引导渔业企业、渔船船东建立健全各项安全管理制度,完善岗位责任制,编制和规范海上作业操作规程。各级渔业行政主管部门要强化对生产经营单位负责人和渔船船东、船长的安全教育,严格落实渔业船舶签证制度和渔船、船员持证作业制度;严禁各类渔船擅自改变作业性质、非法载人载货和超风级、超航区、超载等冒险作业。渔船禁止在航道锚泊。在商船航道和渔业作业区域交叉航段、作业渔船密集区域,渔船和商船都要严格遵守国际《1972 年国际海上避碰规则》,加强瞭望值班,采取有效防范措施,避免和防止碰撞事故发生。

2. 渔业安全监督检查

完善渔业安全生产监管体系,进一步明确渔业安全生产监管机构地位与职责,落实编制、人员、经费、装备等。强化渔业安全监督管理的基层、基础工作,在重点渔业乡(镇)、村建立和推广渔业安全员制度(原则上 100 条捕捞渔船配 1 名、200 条养殖渔船配备 1 名)。继续推进渔港监督执法人员进驻渔港,监管阵地前移,加强对渔船、渔民面对面的安全监管。积极开展以渔业生产企业、渔港码头、渔船集中停泊点和从事渔业生产的"三无"船舶为重点的渔业安全生产专项整治,加大安全隐患排查整治力度。

3. 涉外渔业安全管理

教育、引导渔业企业、渔船船东、船长严格执行国际渔业条约、双边渔业协定和有关入渔国管理规定,依法从事渔业生产活动。严格远洋、涉外渔业项目申报和资质审核,强化源头监管;加强对远洋渔业企业的船舶检验、安全通信等重点环节的管理和船员的教育培训。渔政执法机构要加强在重点敏感海域的巡航护渔和监管检查,严肃查处渔船进入敏感争议水域作业的违规行为。外事、渔业、海事、公安边防等相关部门要加强相互沟通与协调,健全和完善涉外渔业事件应急反应机制,共同做好涉外渔业事件的防范处置工作,防止引发渔业安全事故。

4. 渔业从业人员安全培训

各级渔业行政主管部门要加强渔业安全生产职业培训,严格执行船员考试发证制度,对职务船员、远洋及涉外渔业船员实行特殊安全强制培训,努力提高渔业从业人员安全素质。规范培训内容,重点加强渔船航行技能、避碰规则、科学装载和养殖排筏安全措施、自救互救技能等培训,逐步建立健全以安全生产和减灾防灾为主要内容的渔民职业安全技能培训体系。加强对渔业从业人员的管理,规范用工制度。

(三) 渔业安全生产预警

1. 渔业灾害监测预警

建立完善灾害监测预警信息共享机制,气象、海洋环境监测部门对于灾害性天气和风暴潮、赤潮、海浪、冰冻等灾害性气象海况信息,要及时、准确通报地方各级政府及渔业、海事部门。相关部门要按照国办发〔2008〕113 号文件、辽政办发〔2009〕21 号文件及大政办发〔2009〕169 号文件要求,做好灾害预警信息传递工作。

2. 渔业安全应急预案

各级政府、渔业行政主管部门和渔业企业要制定、完善渔业安全生产和防灾减灾应急预案,建立健全应急预案体系。要根据本地区自然气候条件和实际,制定各种应急预案,进一步细化渔船防台风、防风暴潮、抢险救助等各类预案,确定具体的防范措施,提高预案的科学性、针对性和可操作性。要适时开展多种形式应急演练,提高应急处置实战能力。

3. 渔业救助能力建设

海事部门要充分发挥国家专业海上搜救力量对渔业安全事故的主体救助作用。各级渔业行政主管部门要建立完善渔业专业应急救援指挥平台,落实 24 小时值班制度,严格岗位责任制。建立渔业、海事联席工作会议制度,定期研究渔业海难救助事宜,加强渔业海上抢险救助的协调和合作,形成以国家专业救助力量为主、渔业救助力量为辅、相关社会力量积极参与的渔业安全事故救助的联动机制。加强渔船编队生产作业,建立渔船自救互救补助基金,鼓励和支持渔民开展海上渔船之间相互支援和自救互救。

(四) 渔业安全生产保障措施

1. 渔业安全生产资金保障

各级政府要组织编制渔业安全生产工作规划,政府设立的安全生产专项资金要加大渔港、海上救助、海洋和气象预警信息系统建设的投入力度。凡国家、省、市批准的渔业安全生产项目,各地区都要积极筹措和落实配套资金。对渔港、安全通信等基础设施的建设维护、渔业安全监管、渔民安全宣传教育培训、海难救助等项目所需经费,有关部门和当地政府要通过基建投资或一般性财政预算大力支持。对老旧渔船更新改造、渔用安全通信和安全设施的配备,各区(市)县要给予政策和资金扶持。积极引导、鼓励并督促渔业企业和渔船船东加大安全隐患治理投入力度,在充分发挥市场机制调节作用前提下,探索稳定、多元的渔业安全投入机制。

2. 渔业安全生产制度保障

各级渔业行政主管部门要加强对渔业安全生产法律法规的执法检查,进一步完善渔业安全生产、防灾减灾以及渔船、渔港和渔业船员管理等方面的规章制度。渔业生产企业和渔船船东要严格执行各项安全生产有关规定,落实岗位职责,推进渔业安全生产的法制化、规范化建设。

3. 渔业安全生产科技保障

加大渔业安全生产科技研发和先进技术示范推广力度,加快信息技术在渔业安全生产上的应用。鼓励渔业企业和渔业部门与高等院校、科研院所产学研相结合,促进渔业安全生产技术创新和成果转化运用。各级科技行政主管部门要将渔业安全生产纳入科技发展规划,落实渔业安全生产科技经费,保障渔业安全生产科技项目有效实施。

4. 渔业安全风险保障

充分发挥保险对分散和降低渔业安全生产风险的作用,鼓励渔船船东购买雇主责任保险,引导广大渔民参加财产和人身保险。

(五) 渔业安全生产组织领导

1. 全面贯彻落实渔业安全生产责任制

各级政府要切实加强对渔业安全工作的组织领导,严格落实"一岗双责"责任制,将渔业生产纳入政府安全生产工作一并部署落实,制定具体实施意见,及时协调解决渔业安全生产中出现的难点问题。要完善渔业安全生产目标管理,全面落实县、乡、村基层渔业安全生产监管责任,强化逐级考核制度。强化渔业生产经营单位和渔船船东、船长的安全生产主体责任,指导督促他们落实渔业安全管理保障措施。严格责任追究制度,凡发生重大渔业安全生产事故,要按照事故原因未查清不放过、责任人员未处理不放过、整改措施未落实不放过、有关人员未受到教育不放过的原则,依法追究相关人员的责任。

2. 建立齐抓共管的管理体制

各级渔业、安监、海事、公安边防等部门要加强协调配合,积极建立联合工作机制,形成监管合力。渔业、海事部门应建立完善遇险渔船应急搜救联动机制,按照责任分工做好渔船、商船碰撞事故后的搜救、协查及事故调查处理等相关工作。各地区要妥善做好渔船事故的善后处理。积极发挥各类培训机构、行业协会等中介组织在渔业安全生产教育引导、技术推广等方面的作用。建立政府统一领导、安全生产监管部门和渔业行政主管部门依法监管、各相关部门协作配合、渔业生产经营单位全面负责、渔民群众广泛参与的渔业安全生产和防灾减灾的管理机制。

3. 广泛开展渔业安全生产宣传教育

加强宣传教育和舆论引导工作,根据渔民群众、渔区特点及生产实际,充分利用国家安全生产月、伏季休渔、冬季船舶休整上岸等时机,组织开展多种形式的宣传教育活动,把安全生产知识和科普常识宣传到港、到船、到村、到户,提高全体渔民的安全生产意识。积极开展"平安渔船""平安渔港""平安渔村"创建活动,为大连渔业经济平稳较快发展提供良好的安全环境。

第十章 大连海洋渔业管理制度

制度是规范和约束人类行为的准则,它的生成是一个动态的无意识的自发演进和有意识的人为设计的双向演进统一过程。人类祈望生活在一种美好的制度环境下,尽享制度的福祉安排。长期以来,世界海洋渔业在制度供给与制度需求的博弈框架下发展与演进。

一、国内外海洋渔业管理制度

(一) 国外海洋渔业管理制度

日本有着世界上最古老、最成功的海洋渔业管理制度,其基本理念即共同管理思想自封建以来一直没有变。一种普遍的看法是,日本有效地实现了对其沿岸及近海渔业资源的利用及养护,共同管理在其中发挥了重要作用。日本现行《渔业法》将日本海洋渔业分为三类:沿岸渔业权渔业、离岸和远洋渔业的许可证渔业、自由渔业。海洋渔业调整委员会有权决定管辖区域内渔业权和许可证的分配,有权限定渔业权和许可证的归属,可以视情况发布委员会指导令,指导令的目的必须是促进"增强和保护渔业动植物",以实现在不违背可持续性发展的情况下高效、广泛的渔业生产目标,而且海区渔业调整委员会有权要求地方行政长官在渔民中强制执行委员会的指导。日本现行的海洋渔业政策并不是"天生的",而是有关各方经过长期博弈和反复试错后达成的一种最适均衡。

美国二战后凭借强大的综合国力优势,并拉拢西方发达资本主义国家,利用权势不断扩大自己的海洋权益领域,很大程度上可根据自身利益制定政策采取行动。美国实行海域分治式的集中管理与分散管理相结合的简单形态。联邦政府制定的法律和确定下来的规划,按职能由各联邦行政机构执行。美国在海洋政策的指引下相继颁布了《海岸带管理法》《渔业保护与管理法》等基本法律政策,形成了较为完善的基本政策层。美国海洋基本政策中海洋渔业所涉及的篇幅不多,但突出强调了海洋渔业的可持续性,并从管理体制、科学技术等方面来整体规范海洋渔业的发展工作。

欧盟制定共同渔业政策的初衷是为了减少成员国之间的海域争端,共同渔业政策作为欧盟共同农业政策的一部分最早出现于20世纪70年代,并与1983年正式成立。欧盟共同渔业政策是一个较为完整的政策体系,从成立至今,经历30多年的发展,已进入改革发展的高速阶段,根据欧盟委员会的统计,自2011年以来欧盟已经进行了10余次的改革,这是自欧盟共同渔业政策实施以来改革讨论最为密集的一段时期。通过明确政策目标、制定新的决策框架等一些改革举措外,还颁发了一系列的实施配套法规。欧盟共同渔业政策为维持欧盟区域内的渔业持续健康发展作出了积极贡献,另从规则制定、资金技术支持、市场保护等方面确定了共同渔业政策发展方向,并在发展过程中持续改革。目前来看,欧盟共同渔业政策体系正日趋完善。

(二)国内海洋渔业管理制度

虽然中国的大陆海岸线漫长,海域广阔,可中国的渔业资源却并不丰富。中国的海域散落于太平洋,沿海几乎没有丰富的海洋资源区,尽管中国渔业人口众多,成为世界第一渔业生产大国,但中国海洋专属经济区内的渔业资源小于挪威、日本、韩国、冰岛等海洋资源丰富的大国。在渔业资源不足和转业不利以及渔民转产的情况下,很多渔民及其家庭为生计所迫,冒险出海捕捞,有的甚至与周边国家间发生渔业纠纷,这种情况对中国渔民来说可能并不算是意外。究根结底，一方面是客观资源量不足；但另一方面中国海洋渔业资源开发保护不力也是不可否认的事实。

中国的海洋资源管理分布在农业部、海洋渔业部、国土资源部等诸多部门，地方上的对其管理也是呈分散状态，这样的散乱格局常导致海洋政策政出多门，政策的贯彻与执行也无法统一。其实，经过几年的努力，中国海洋渔业资源总体在开发政策上趋于完善，问题的关键是执行不力，这一问题与其分散的体制紧密相关。尤其是各地方之间利益矛盾锐化，海洋资源开发的步骤和目标不协同，并且地方政策往往和中央的政策也存在不一致。在这样分散且缺乏权威的海洋资源开发保护制度下，中国海洋渔业保护政策的执行、监督力度会明显不足，并且政策执行本身也出现问题，最终致使渔民恶意捕捞、非法捕捞严重，中国渔业资源的紧张日益严重。

随着中国工业经济向重工业化方向的发展，中国近岸重工业化布局变化明显。广东、浙江、上海、大连等地都在向石化工业区的目标大幅前进。各地往往本着地方的利益出发，对沿海进行低价值利用和开发，沿海港口以及临港工业多数是通过围海填海建造的，这势必会侵占渔民的渔场和渔村海岸线，使渔民失海以及失渔。不仅如此，海岸带资源的开发和沿海渔村的建设，会带来海岸线污染和海洋地质灾害频发。最终致使渔业资源破坏，渔业资源更加枯竭。中国有着粗放的海洋渔业生产，面对海洋渔业资源枯竭，渔民捕捞恶性竞争，产生掠夺式开发。由于中国海洋渔业分散管理，各部门之间存在私自的利益，故而中国海洋渔业资源开发与保护的效果并不十分理想。经过自"十一五"以来的规划和布局，但有关海洋渔业资源保护的法规，由不同的部门制定出台，因为部门之间协商不够，政策的统一协调以及权威性尤显不足。更为严重的是，有些地方的相关机构对渔民生产行为缺乏监督，对渔民违反禁渔规定而进行捕捞的行为不加以批评指正。

中国渔民对岸线、海域拥有的产权不甚清楚。中国国有水域上的渔业权是以国家对该水域的所有权为基础而产生的，国家基于其所有权人的身份，从而决定了现行渔业权的模糊产权特征。在中国，渔业权被理解是一种从国家所有权而派生的权利，从而渔业权的享有和行使必须符合"国家所有权"。渔业权的从属性致使在实践上会产生政府权力容易扩大化的现象，易导致相关的政府部门以及企业打着公益开发旗号，乱用权力侵犯渔民的应有权利。

二、大连海洋渔业管理制度

（一）农业部渔业管理制度

1. 海洋渔业持续健康发展政策

支持基础设施建设。加大国家固定资产投资对海洋渔业的支持，加快渔政、渔港、水生生物自然保护区和水产种质资源保护区等基础设施建设，继续支持海洋渔船升级改造、水产原良种工程和水生生物疫病防控体系建设。

加大财政支持力度。统筹考虑并完善捕捞渔民转产转业补助与渔业油价补贴政策，研究提高转产转业补助标准，调整油价补贴方式，使之与渔业资源保护和产业结构调整相协调。继续实施渔业海难救助政策。保障渔政、资源调查、品种资源保护、疫病防控、质量安全监管等经费。继续实施增殖放流和水产养殖生态环境修复补助政策。加大对水产育种、病害防治、资源养护、渔业装备等科技创新和成果转化的支持力度。

完善金融保险等扶持政策。金融机构要根据渔业生产的特点，创新金融产品和服务方式，合理确定贷款规模、利率和期限，简化贷款流程，提高服务效率，加强信贷支持。支持符合条件的海洋渔业企业上市融资和发行债券,形成多元化、多渠道海洋渔业投融资格局。研究完善渔业保险支持政策,积极开展海水养殖保险。调整完善渔业资源增殖保护费征收政策,专项用于渔业资源养护。将渔业纳入农业用水、用电、用地等方面的优惠政策范围。

进一步研究完善渔业方面的法律、法规和规章。征收、征用渔业水域、滩涂的,要按照物权法、土地管理法、海域使用管理法等规定予以补偿安置。

2. 现代海洋渔业产业园区政策

整合支渔政策,将渔业标准化示范县、基层水产技术推广体系改革与建设、"菜篮子"水产品生产项目、水产优势品种引进更新与改良、增殖放流等项目资金安排向省级现代渔业园区倾斜。对园区渔业品牌建设、水产品质量安全管理给予重点支持。

鼓励和支持龙头企业、渔民专业合作经济组织等进入园区参与建设和经营,拓宽园区融资渠道,提升园区的生产经营水平和科技创新能力。

3. 双控、网具等转产转业政策

进一步调整完善柴油补贴政策,从柴油补贴资金中安排部分资金用于渔民休渔期的经济补助,用于部分特殊渔民的养老保险补助。更重要的是,柴油补贴政策应向从事生计性渔业的渔民倾斜。

将渔民转产转业纳入地方社会经济发展规划,加强协调和指导。省计委、经贸委、财政厅、教育厅、劳动保障厅、旅游局、工商局、扶贫办等部门要根据各自职责协助做好扶持渔民转产转业的相关工作。加大对沿海渔民转产转业的政策扶持。转产转业渔民从事个体经营的,根据中央和省有关规定,经有关部门认定,给予适当的收费优惠。

对利用国有水域滩涂从事海水养殖的转产转业渔民,由县级以上人民政府优先安排养殖用海并免费发给"养殖证"。

清理取缔违规涉渔收费；从低核定向捕捞渔民收取的渔业资源增殖保护费、渔港费、渔船和船用产品检验费等涉渔收费；各类渔业证书换发、补发只收工本费。

加强管理，确保实效加强资金管理。要严格遵照国家和省的有关规定，在项目安排和资金使用过程中，要"公平、公正、公开"。各级财政及渔业主管部门应加强检查监督，保证专项资金专款专用。各级审计部门要加强对资金的审计。

加强船网工具指标控制。严格控制新造、改造、进口、购置渔船。落实海洋捕捞船网工具控制责任制。同时，严格执行国家捕捞网目尺寸标准，加强网具数量的监控。

4. 海洋新兴产业发展政策

鼓励争取国家级、省级专项资金（基金）。认真研究分析国家、省级新兴产业政策、投资政策对舟山的有利因素，及时收集国家产业政策信息；加强同国家、省里有关部门的沟通和联系，争取省里对舟山海洋新兴产业的扶持。鼓励积极争取国家、省级资金，用好资金，让资金发挥最大效益。围绕大力推进海洋新兴产业规模化发展，积极向国家、省里推荐项目，争取国家、省里给予资金支持和政策倾斜。

设立专项资金（基金）。增加市级财政对新兴产业的投入，使政府对海洋新兴产业的投入高于财政支出的增长幅度；积极拓宽筹资渠道，解决海洋新兴产业投入不足的问题，加大关键领域的投资强度，借力于资本市场，发展以促进新兴产业规模化为宗旨的新兴产业投资基金，建立以民间资本为主的多元化新兴产业风险投资基金体制。设立新兴产业投资资金管理公司，争取通过资本市场，发行新兴产业投资基金。培育更多的新兴产业骨干企业和上市资源，提高扶持资金的使用效益，加大对潜力新兴产品的贴息入股。建立一套合理的省投资金退出机制，当潜力产品成长壮大、企业获得长足发展之后，通过转让、出售股权等方式使省投资金的股权进行转让变现，用于扶持更多的新兴项目,从而形成资金的良性循环机制。

建立健全海洋产业投融资体系。加强引导,广泛吸引社会投资。引导社会资金流向,鼓励企业增加对新兴产业(产品)的研究开发投入。放宽市场准入领域,改善融投资服务环境。

鼓励银行、担保、创业投资等机构对新兴产业优先支持。建立健全适应新兴产业发展的投融资体系,鼓励银行、担保、创业投资等机构向新兴产业倾斜。加快建立新兴产业发展。允许符合条件的机构设立新兴产业开发基金,风险投资基金和产业化基金,探索和创新新兴产业项目融资方式。积极创造条件,组建舟山海洋新兴产业规模化企业贷款担保机构,解决企业贷款担保难的问题。

构建新兴产业规模化融资绿色通道。调整政府投资结构,提高资金使用效益。加大对新兴产业发展的资金支持。要侧重支持战略性的海洋新兴产业化项目、新兴产业企业规模化实施期的引导资金以及利用新兴产业促进传统产业技术升级和产品更新换代的补助资金等,完善相应的决策程序和监督评价体系。

(二) 大连海洋渔业管理制度供给

1. 海洋渔业资源开发利用政策

(1)全方面展开渔业资源的调查,研究并制定全市的渔业资源利用规划。具体可以从2014年起,每5年展开一次渔业资源的全面调查,并常年开展监测及评估,做到构建市、区(县)二级渔业资源调查监测网络,切实提高渔业资源的调查及监测水平。

(2)大力加强渔业资源的保护。严格执行海洋伏季休渔的制度,并完善捕捞业准入制度,规范渔具渔法和实施捕捞限额。完善捕捞渔船的管理制度,并逐步减少渔船的数量和功率总量。加强水生野生动物的保护及救治,开展驯养繁殖的研究,严厉打击非法捕捞、经营及运输水生野生动物、植物及其产品的行为。

2. 海洋渔业生态环境保护政策

（1）切实加强提高海洋生态环境的保护。实施近岸海域海洋生态环境监视监测和评价，定期发布质量状况信息。开展陆源污染物排放总量跟踪监测与减排试点工作，控制渤海污染物排放总量。严格执行海洋工程建设项目环境影响评价制度，严防高耗能、高污染、高排放项目转嫁海洋。

（2）规范海洋倾废活动，减轻环境压力。开展渤海生态红线划定工作，实施分类管控，维护渤海生态安全。

3. 海洋渔业产业政策

（1）科学发展海水养殖业。按照《辽宁省海洋功能区划》，制定水域滩涂养殖规划。鼓励发展浅海底播、立体混养、深水网箱、工厂化循环水养殖等生态、高效、安全养殖模式。实施优势主导品种更新改良工程，发展壮大海参、对虾、扇贝、鲍鱼、海蜇、河蟹、河豚、鲆鲽鱼、杂色蛤、梭子蟹等优势产业。

（2）大力发展休闲旅游观光渔业。突出各地资源特色，拓展渔业文化内涵，发展观赏、垂钓与旅游餐饮相结合的农庄、农家乐等特色休闲渔业。

（3）稳步发展外海和远洋渔业。落实国家扶持政策，扩大远洋渔业规模。进一步规范双边、多边入渔活动，有序开发外海渔业资源。巩固过洋性渔业，推动产业转型升级。壮大大洋性渔业，积极拓展发展空间。支持远洋企业增强综合开发能力，积极参与开发南极渔业资源。

（4）加快发展海水产品加工和流通。鼓励企业与科研院校联合，加快海水产品加工设备、技术改造和更新。大力发展精深加工，着力开发高附加值海水产品。落实农品出口三年倍增扶持政策。加强海水产品冷链物流体系建设，积极发展海上冷藏加工。开展水产品价格信息采集工作,逐步建立水产品市场信息网络体系。

(5)建立健全财政资金保障机制,保障渔政执法与装备运行、资源环境调查、疫病防控、质量安全监管与检测、技术推广等工作经费纳入同级财政预算。制定渔业政策性保险财政补助资金办法。积极筹措资金,重点支持海洋牧场建设、现代水产种业、现代渔业园区和示范基地等工程建设。支持更新建造大马力钢质或玻璃钢海洋捕捞渔船,支持海水养殖池塘标准化改造。增设扶持渔业基础设施建设资金,加强渔业基础设施的支持力度。

(6)建立健全财政资金保障机制,保障渔政执法与装备运行、资源环境调查、疫病防控、质量安全监管与检测、技术推广等工作经费纳入同级财政预算。制定渔业政策性保险财政补助资金办法。积极筹措资金,重点支持海洋牧场建设、现代水产种业、现代渔业园区和示范基地等工程建设。支持更新建造大马力钢质或玻璃钢海洋捕捞渔船,支持海水养殖池塘标准化改造。增设扶持渔业基础设施建设资金,加强渔业基础设施的支持力度。

(7)完善相关扶持政策。其中金融机构要加强对海洋渔业的信贷支持。重点支持海洋渔业企业上市融资及发行债券,争取形成多元化和多渠道的海洋渔业投融资新格局。调整完善渔业资源增殖保护费征收政策,专项用于渔业资源养护。将水产健康养殖示范场、现代渔业园区、水产品出口示范区等建设纳入农业用水、用电、用地等方面的优惠政策范围。

4. 海洋渔业科技支撑政策

(1)加快研发高效、生态、安全的渔用饲料和渔药,深入开展优良品种选育改良技术和健康养殖技术研究。

(2)鼓励科研院校与渔业企业联合,开展渔业装备共性和关键技术研究。

(3)大力发展海洋渔业科技教育事业,深化科研机构改革,努力培养渔业科技队伍。深化水产技术推广体系改革与建设,提高水产技术推广能力。

5. 海洋渔业法制政策

(1)加强渔政队伍建设,将渔政执法机构纳入财政全额拨款范围。加强渔政执法人员培训,形成指挥畅通、反应快速、相互支持的渔政执法体系。

(2)严厉打击"三无"船舶及非法捕捞和养殖行为。实行禁止、限制使用渔具目录制度。强化海上联合执法,实现渔政执法巡航常态化。

(3)修订完善相关配套法律法规。

6. 海洋渔业安全生产政策

(1)加强水产品质量安全监管能力建设,健全县乡基层服务体系。要建立产地准出及市场准入制度,并完善水产品的质量安全可追溯体系。切实强化水产品的生产源头监管,并严格执行水产苗种生产许可制度及质量检验检疫制度。建立依法生产违法必究机制,落实生产企业质量安全主体责任。强化联合执法工作,打击违法违规使用禁限用药物和添加有毒有害物质行为。以创建水产品质量安全监管示范县为载体,全面提高水产品质量安全监管水平。

(2)开展"平安渔业示范县"和"文明渔港"创建活动,构筑渔业安全生产管理长效机制。加快配备渔船自动识别系统、卫星监控系统及通信设备等安全设施。强化船员培训和管理。积极引导渔船编队生产,鼓励渔船开展自救互救。完善渔业、海事合作机制,发挥海上救助主体和联动作用。开展海洋环境常规预报。健全渔业安全应急预案和应急机制。完善大连海洋渔业生产安全服务保障系统。

7. 海洋渔业基础设施政策

(1)要加强水产品的质量安全检测、水生动物的疫病防控、水产技术的推广以及资源的环境监测体系和能力建设。推广应用现代育种技术,建设大宗品种和优势出口品种的遗传育种中心。

(2)建造渔业资源调查船和渔政执法车船艇,建设渔政执法码头基地、渔政渔船信息管理系统以及渔船检验、渔业航标等渔业安全基础设施和装备。

(3)加快推进黄、渤海综合执法和伏季休渔暨辽东湾海蜇管理基地项目建设。

(4)加快全市渔政管理指挥系统升级改造,健全完善渔船动态管理、安全通信等系统建设。建设大连海洋渔业安全生产技能实训基地,加强海洋渔业安全国际交流。

8. 渔民民生政策

(1)以渔港建设带动渔区小城镇和渔村发展。开展渔村整治,加强渔区基础设施建设,重点解决水、电、路问题。

(2)完善社会保障制度,促进渔区教育、文化、卫生、养老等社会事业全面发展。开展渔民转产转业技能培训,支持发展海水养殖、水产品加工和休闲渔业,拓宽渔民就业和增收渠道。建立健全政策性渔业互助保险制度,加强海洋渔业互助保险体系建设,开展水产养殖业政策性保险试点,提升全行业抵御风险能力。

9. 其他相关方面

强化涉外渔业管理。适应入渔要求,开展双边、多边渔业协定的入渔培训。加强远洋渔业企业及项目管理,对企业及船员开展涉外教育。切实提高处置涉外渔业纠纷及涉外渔业管理能力,及时、妥善、高效地处理有关渔业纠纷案件,维护企业和渔民的合法权益。

(三)大连海洋渔业发展制度需求

1. 可操作性海洋渔业规划需求高

随着海洋高新技术的发展,人们对海洋的开发不断加剧。海洋产业渐渐成为了国民经济的重要支柱产业。在 21 世纪里,世界各国都将发展重点指向了海洋,联合国的《21 世纪议程》已经把海洋作为了"全球生命的支持系统和人类社会可持续发展的资源宝库"。但是,人们掠夺式的开发和粗放型的管理引起了海洋生态环境问题已经构成对人类生存空间的威胁,频繁的海洋灾害和它所造成的损失正成为不可以躲避的事实。如何合理规划海洋产业布局,提高规划的可操作性已成为社会关注的焦点。

大连海洋渔业产业发展相关规划制定较多,但以往大多规划存在难以实施的问题,规划的可操作性不强。海洋渔业开发规划虽然注重于生态环境保护与治理,但很多规划仅停留在理论上。合理开发和利用海洋,制定一个科学合理地开发利用以及保护海洋渔业的规划,来达到海洋生态对污染的承载力以及海洋开发之间有一个更好的平衡,确保海洋渔业资源的可持续利用已经是大连海洋渔业进一步发展的当务之急。以海洋生态环境保护为出发点,规划需要解决如下几个问题:(1) 不同方式的污染的程度以及形成的原因;(2) 将来各个规划期内污染有可能变化的水平;(3) 了解污染的直接或者间接的来源,同步进行了解污染的产生、管理到控制方法;(4) 确定将来的污染和开发的活动对海洋生态环境影响的程度大小;(5) 要了解政策和其行动计划的管理方法以及执法的框架。

从长远来看,可操作性的海洋渔业规划应侧重以下几个方面:首先,设定规划范围,比如某个市辖行政区的范围和领海的范围,这样选取目的是因为全市所有的开发活动都是有可能直接或者间接地影响了海洋生态环境,并且也要考虑到邻近省市以及其海域对某个市海域的影响。其次,设定规划的期限,例如基准年、近期年限、远期年限。再者,突出规划重点,即重点工程是什么,如何进行布局。最后,完善相关保障措施,确保规划能够顺利实施。可操作的规划重点要考虑规划与区划的吻合,规划与相关规划的符合性,另外要充分权衡利益相关者利益关系,降低社会矛盾冲突。

2. 海洋渔业配套制度体系需求高

目前我国已经在海洋环境保护、海域使用管理、海上交通安全管理以及渔业资源管理等方面具有了法律制度。所以在大连海洋渔业过程中,要贯彻执行《中华人民共和国海域使用管理法》《海洋环境保护法》《海上交通安全法》《海域使用金征收使用管理办法》《中华人民共和国渔业法》等法律法规。

此外大连要完善关于海岸带使用的相关法律以及海洋综合管理方面的法律,制定港口、海岛和海洋灾害防治等方面的管理制度。

3. 海洋渔业立法体系制度需求高

从海洋渔业立法的时效性和主动性方面看,长久以来,大连的海洋立法总是处于被动地位,不能做到"未雨绸缪",往往都是为形势所迫应急起草法律条文,虽然也起到了短暂的阶段性的作用,但是由于其局限性,常常导致一些亟待解决的问题因"无法可依"而错失执法维权的最佳时机,而一些后期出现的问题又由于前期的"考虑不周"而使其"突发性事件"无法全面解决,因此就陷入了不断地制定与修订的怪圈之中。提高海洋渔业立法的时效性、主动性的社会呼声越来越高。

从海洋渔业立法的实用性方面看,大连的海洋渔业立法存在大量的错位立法、矛盾立法与宽泛立法等局限,所制定的法律执行的主体部门往往责权不明确,同一法益所诉诸的方式也不尽相同,出现大量的"同罪不同罚"的现象。其实用性也主要体现在地方性的行政法规不够"地方化"等问题。

从立法的本土化方面看,大连海洋渔业立法存在着对国际、国内其他沿海省市海洋渔业立法的生搬硬套,立法存在水土不服的问题,对本土化的立法需求越来越强烈。

三、大连海洋渔业管理制度供需矛盾分析

(一) 大连海洋渔业管理制度供需矛盾

1. 海洋渔业制度公平存在缺陷

大连海洋渔业制度公平存在诸多缺陷,例如,大连渔业资源增殖保护费的征收制度,它是我国较特有的一项管理制度。我国《渔业法》及其他政府规章规定,凡在我国的内水、滩涂、领海以及我国管辖的其他海域采捕天然生长和人工增殖渔业资源的单位和个人,必须缴纳渔业资源增殖保护费,用于增殖和保护渔业资源。由于渔民数量过多,分布又比较分散,不能有力地完全实现征收,对其征税有失公平,且每个渔业资源使用者的渔获价值不等,从而加深征税的不公平。

养殖证制度是渔业资源政府规制的一个解决方式,就是把国家赋予的管理权完全交由渔业从业者拥有,也即渔业资源私有化,使渔业从业者通过物理手段对一定区域的渔业资源拥有完全占有权。实践证明,这种制度存在不公平。由于养殖从业者没有对渔业资源所在水域、滩涂的完全占有权,渔业资源必然受到外部性影响,比如由于各种建设活动占用渔业水域、滩涂,破坏了渔业资源和生态环境。由于国有产权的新制度经济学视角下的我国海洋渔业资源可持续利用研究虚置,集体所有权的界定不清,致使养殖的使用权不完整,为各级政府滥用权力,胡乱征收、征用水域和滩涂提供可能,养殖证制度与海域使用权制度产生了冲突。

捕捞限额制度是一种产出制度,包括总可捕量制度、个别配额制度、个别可转让配额制度等。它通常是在一定的时间、特定的区域,对特定的渔业生物资源品种设定所允许的捕捞量的最大值。该制度不再以捕捞努力量作为管理对象,而是将渔业的结果即渔获量作为直接

管理对象。然而,限额捕捞管理制度中最困难、最有争议的问题是配额分配。贩卖还是无偿分配、贩卖的话以怎样的方式贩卖,分配的话怎样选择接受者,在配额接受者中又如何分配份额,是不可转让还是可转让配额等。在这里存在一些制度不公平。

2. 海洋渔业有效制度供给相对不足

我国于 1986 年颁布并实施《中华人民共和国渔业法》,是我国渔业的基本法律。1987 年颁布《渔业法实施细则》。1989 年颁布《渔业捕捞许可证管理办法》《黄渤海、东海、南海区渔业资源增殖保护费征收使用暂行办法》《渔港水域交通安全管理条例》《船舶进出渔港签证办法》《我国渔船与南朝鲜渔船海上事故处理规定》《渔业海上交通事故调查处理规则》《浮拖作业渔船管理暂行办法》《关于加强外海作业渔船管理的通告》等法律,法规。此外,随着我国加入《国际海洋法公约》和 200 海里专属经济区制度的生效,我国先后同周边国家签订了《中美渔业协定》《中苏渔业协定》《中日渔业协定》《中澳渔业协定》《中挪渔业协定》《中国与几内亚比绍渔业协定》《中国与毛里塔尼亚渔业协定》《中日渔业协定》《中韩渔业协定》等。

大连海洋渔业制度依据我国法律、法规制定的海洋渔业管理制度主要包括:休渔制度、捕捞许可制度、海洋捕捞渔船控制制度、最小网目尺寸制度、捕捞渔民转产转业制度、捕捞限额制度、渔业资源增殖制度等。

近年来,随着转变渔业经济增长方式的提出及科学发展观的不断贯彻和落实,大连海洋渔业经济发展改变了以往的只求产量、不顾海洋渔业资源和环境保护的粗放型经济增长方式,转而走向了资源、环境和经济全面协调可持续的发展道路,使大连海洋渔业经济发展的环境得到改善,发展步伐日益加快。但是,大连海洋渔业制度供给不足的问题依然没有得到有效解决,比如《渔业法》第二十八条规定:县级以上人民政府渔业行政主管部门应当对其管理的渔业水域统一规划,采取措施,增殖渔业资源。县级以上人民政府渔业行政主管部门可以向受益的单位和个人征收渔业资源增殖保护费,专门用于增殖和保护渔业资源。该条款中仅提到了增殖渔业资源,但是对于渔业资源的再生能力能否达到资源利用的标准并未体现,更没有涉及渔业资源保护的内容。

3. 海洋渔业制度供给相对滞后

海洋渔业制度供给的滞后性,不但表明制度在其形态上的相对稳定性,而且表明制度在其作用上的显著能动性。当海洋渔业规范的一套制度一旦确立,就会体现出一种与活跃的需求变化相对应的稳定性,它会成为海洋渔业制度供给相对稳定性的重要因素,并且也能在海洋渔业已经愈益需要得到制度创新的供给时,它体现出一种守旧的惰性。需要一直等到需求强大到以及成熟到足以冲破原来的制度形态时,新的制度安排才能上升为并且变现为一种现实存在。于是这种制度的稳定性又包括制度能动性的命题。

一旦一种新的制度安排落脚,就会凭借它的稳定性进而能动地支撑它所适应的新需求的扩展和实现,更好地解放出生产力,并且发展为海洋渔业新生的势力;而原来的将要退出历史舞台的制度安排,正因为凭借它的稳定性从而能动地维护原来的需求和原本的势力,所以不会轻易地被淘汰。制度在它作用上的能动性,正好与上层建筑对经济基础和生产关系对生产力的能动性是相同的道理。与此同时,因为制度的相对稳定性,会使这种能动作用在海洋渔业中往往体现出非常显著效果。

(二) 大连海洋渔业管理制度供需失衡原因分析

1. 产业演进规律认识模糊

在传统意识里,人类把自身看作是万事万物的主宰,而自然资源只不过是人类获取自身发展需要的工具。在这种价值观念的影响下，人类只顾自身利益，而忽视对环境造成的负面影响。海洋渔业资源同许许多多的自然资源一样是有限的，不能凭主观意志任意掠夺，而且海洋生态的修复周期较长，一旦被破坏，再恢复到原有的状态需要一个漫长而复杂的过程。但是渔业资源的共有性以及渔民的环保意识薄弱，使很多渔民认为海洋渔业资源是可以随意捕捞的，因而在利益的驱使下，海洋渔业资源的过度无序开发，造成渔业资源的破坏。加之各种污染源导致海洋渔业环境的污染以及一些不法分子对珍稀物种的猎杀，这些为追求经济利益而牺牲生态价值的做法对海洋环境造成严重伤害。

"海洋渔业产业结构的调整，其实就是依据海洋渔业产业发展和它的变化的现状以及将来变化趋势，依照人类的需要意愿，通过自觉、科学地选择和控制，对海洋渔业经济各产业进行新的组合，来实现它原有形状的改变和调整"。我国海洋渔业生产以第一产业为主，第二、第三产业发展较为薄弱，产业结构相对单一、承受风险和压力的能力脆弱，这对于我国海洋渔业经济的健康发展、渔区社会的稳定以及渔民安居乐业极为不利，产业结构优化升级势在必行。

此外，我国在实施总可捕量制度和个人可转让配额制度之后，海洋渔业资源实现集中化和产权化，必然有大批渔民退出捕捞领域，需要转产转业，这也成为海洋渔业产业升级的重要原因。充分利用现有的渔业生产技术和资源，拓展渔业发展空间，延伸相关产业链条，发展以渔业精、深加工、渔港经济和休闲渔业为代表的第二、第三产业是实现渔业产业结构调整的重要战略选择。"这样既能保证增加海洋渔业效益，又能使受损的渔业资源得以恢复，形成良好的渔业生态环境"。

2. 制度设计缺少实际调研

大连海洋渔业的制度设计缺少实际调研。例如，当渔业船舶的机械化和网具、冷冻设备的快速发展，加剧了渔业资源的掠夺性生产，加重了近海的渔场的压力;大量工农业和城市生活污水排放近海里;大量的养殖超出海洋生态环境的所能承载的能力;还有多边渔业协定的签署生效导致大量的捕捞渔船从原先的外海渔场回到近海渔场作业。而因此,在设计上海洋渔业制度没有以实际进行调研,而导致设计的制度与实际情况不符。

尤其是面临海洋渔业资源的枯竭,制度设计没有进行实际调研,将会限制、控制海洋渔业的发展,缺失渔民权益的维护以及政策的普惠性,不能体现大连对海洋渔业的控制和对渔民的权益的合理、公平、有效地配置,最终导致了海洋环境的持续恶化,鱼类大量减少。

3. 制度运行机制存在掣肘

制度运行机制是在人类社会有规律性运动中,影响这种运动的各因素的功能、结构及其相互关系,还有这些因素起到功能的作用过程、产生的影响、作用原理及其运行方式。它是导致和制约了决策并且与人、财、物都相关的各种活动的基本原则和其他相应制度,这些决定行为的内外原因以及相互关系的总称。各种各样的因素相互联系、相互作用,要确保社会各项工作的目标以及任务真正的实现,一定要建立一套协调性、灵活性、高效性的运行机制。

海洋渔业发展制度运行机制是指海洋渔业由完全依赖海洋渔业自然资源的开采和加工转向多元化产业发展的过程中,各主体、各环节为了使海洋渔业从摆脱对海洋渔业资源过度依赖,规避资源衰竭,到实现产业可持续健康发展的转化,所形成的运行方式、管理模式、政策制定等各组成部分的相互作用、相互制约和协调的关系。海洋渔业发展制度运行机制总体框架的构建是由海洋渔业发展的目标直接决定的,海洋渔业发展目标体系的实现过程,就是海洋渔业发展运行机制运转的过程。建立海洋渔业发展制度运行机制,从而完善我国海洋渔业体系,走上可持续发展的道路。

大连海洋渔业发展制度运行机制存在的问题包括:海洋渔业的资

源仍未得到有效保护；近海海域环境污染严重；海洋渔业产业的结构不合理；沿海渔民转产转业未能有效解决。而导致这些问题出现的原因是：相关法律法规不健全及实施不到位；海洋渔业管理和监督不到位；海洋渔业经济发展方式落后；大连社会保障机制尚不健全等。大连海洋渔业存在问题的潜在解决办法要从源头上探寻，然后对症下药，才能解决大连海洋渔业发展制度运行机制存在的掣肘。

四、大连海洋渔业管理制度创新对策建议

（一）创新海洋渔业管理制度

建立清晰的海洋渔业捕捞权制度。明确海洋渔业捕捞权主体和客体，让沿海渔民权益依法依规得到切实保护，激发上述主体合理利用和保护海洋渔业资源的积极性，从制度层面杜绝"公地悲剧"发生，最终实现海洋渔业资源的可持续利用。在渔业法体系中，进一步明确渔业水域使用权的法律地位，明确规定渔业水域的划定条件和权限，管理权限，使用者的权利和义务，使用权的损害赔偿以及流转、变更、中止的条件、程序和补充等内容，使渔民合法利用水域从事渔业生产的权利切实得到法律的保护。

完善监督管理制度。联合船监、港监、工商等部门加大对渔船的管理，消除"三无"渔船，为实施 TAC 与 ITQ 制度扫除障碍。建立以ITQ 制度为主体，其他管理制度为辅的制度结构，完善现有的捕捞许可证制度、休渔制度。随着 ITQ 制度的推进，将以渔业许可制度为主的渔业制度结构，转变为以 ITQ 制度为主，辅以其他制度的制度结构，加强 ITQ 制度的核心作用。

建立外海开发支持政策。大连海洋渔业开发多集中于近海海域，外海远海开发不够，应建立鼓励扶持外部深水海域开发的相关政策，依靠科技进步和创新，完善生产方式，同时发展外海养殖业，切实加快

深水海域的开发,这样更好地解决了内海湾海域供求矛盾,给养殖业发展提供了广阔的空间。

(二) 调整制度设计价值取向

海洋渔业制度作为一种公共制度,它的核心的价值取向就是可以反映、表达以及综合了绝大多数从事渔业的人和渔民群体的切身利益和需求,时时刻刻关心从事渔业的人和渔民群体的切身利益,能把满足渔民的全面需求以及促进渔民的全面发展作为最终目标,能把追求、维护从事渔业的人的机会均等和预防渔民群体内部两极分化当作了价值的追求,不但能为从事渔业的人和渔民群体创造平等竞争的社会环境,也能使他们的自身利益得到更合理合法的保护,分享改革发展的丰硕成果。

制度是在社会长期发展下的产物,因此,制度就必须跟着社会环境的变化从而做出相应的调整,要不然,制度的实施效果就会很不理想。综上所述,渔业社会和以前的产生了很大的不同,各种各样的社会问题层出不穷,对已经有的渔业政策重新进行思考、审视以及选择就显得十分重要。在今天构建具有中国特色的社会主义和谐社会,我们大家就应该更多的、更加突出的彰显出制度制定过程当中的公平公正的社会理念,指引渔业公共制度朝向一个具有良性的方向以及程度运行和发展。一个制度的灵魂是价值取向,它直接决定了这个制度的作用范围以及得到实惠的群体,制度制定过程应当把价值取向作为核心,用价值取向把握制度制定实施的每一个环节,制定出完整的并且符合大连情况的合理、科学、有效的渔业制度措施和体系。重构制度的过程当中,必须体现出以人为本、公平正义和民主的价值理念。近年来,大连海洋渔业开发过程中出现了诸多社会矛盾,群众上访事件增多。究其原因在于利益分配的失衡,海洋的公共资源成为少数人暴富的资产来源,如何在制度设计中能让更多渔民获益,需要制度设计重新权衡其价值取向。

(三)科学把握产业发展规律

海洋渔业产业发展的历程表明,只有不断转变传统海洋渔业产业的发展思路,才能实现海洋渔业产业的优化与升级,才能推动海洋渔业的现代化管理与发展。因此,传统海洋渔业经济发展思想的变革与创新,既是建立和推动海洋生态渔业发展的意识前提,也是实现海洋渔业经济可持续发展的思想保障。

大连以科学方式把握海洋渔业产业发展规律,加大对海洋资源养护、可持续利用及渔业生态养殖和"绿色食品"消费等生态文明建设的宣传力度,要让更多的渔民、集体和企业参与到转变海洋渔业的发展观念、思路和方式中来,普及和树立海洋资源保护及生态渔业的科学发展观,用工业化的理念谋划渔业发展,用产业化的思想推动渔业发展,用标准化的观念提升渔业生产水平。

坚持继承与创新并重、建设与环保同行、人类与自然和谐的现代海洋渔业发展观念和思路,用健全的法制规范来提升对海洋生态渔业的发展认识,约束海洋资源粗放消耗型的开发行为,使有限的渔业资源得到环保养护型的可持续利用,从而为推进大连海洋渔业产业的发展,提供和形成与时俱进的社会认识与发展意识。

(四)提高制度创新顶层设计

制度创新顶层设计是一种民主集中,而不是领导者的拍脑门。人们对顶层设计的理解,还存在很多误解,他们认为顶层设计就是中央应该做的事,我们应该等到中央研究出一套方案以后,照着做就行。但恰恰相反,顶层不是级别,顶层不是说就是最高层次。顶层设计只是一个系统概念,它研究的是这个系统当中各种各样的要素互相之间的联系。从另一个角度来说,全国的顶层自然是中央,可是作为一个省、一个市、一个部门，也是一个系统，也应该做系统设计，考虑各个要素之间的关系，而不是"照着葫芦画瓢"。

大连海洋渔业发展应吸收多学科专家建立海洋渔业发展咨询委员会，研究大连海洋渔业发展过程中面临的重大问题，制定大连海洋渔业规划实施方案，细化分解主要任务，落实责任单位。支持行业协会建设公共服务平台，参与大连海洋渔业发展的政策研究、法规制定、规划编制、咨询评价、标准制定、技术攻关和产品推广等工作。

第十一章　大连渔业专业合作组织

渔业专业合作组织的建立是以规避海洋渔业资源衰竭趋势环境下渔民能够更好地生产经营为目的,能够让以传统海洋渔业生产加工方式的渔民摆脱对于渔业自然资源的过度依赖,从而有利于渔业的可持续发展。在社会不断发展,科技不断进步的今天创新渔业专业合作组织的经营模式是渔业产业化生产和现代化建设的内在要求。

一、大连渔业专业合作组织发展现状

(一) 渔业专业合作组织历史演进

渔业专业合作组织是指以依法享有渔业经营权、从事水产养殖生产经营和服务的,把渔民作为主体,自己愿意联合在一起、渔民自主控制的互助性质经济合作组织,主要代表有基层渔业专业合作组织和渔业专业联合组织。渔业专业合作组织须具备的要求有以下几点:对于渔民财产的归属所有权不会发生改变;对于入社、退社、拥有自由的决定权;拥有一定的规模和产量业绩基础;对于渔业的专业性和渔业所属区域性质的生产具有促进作用;把民营、民办和民收益作为必须坚持的原则;具备从事渔业生产经营服务的场所和相应的服务条件;可打破对于区域的界定限制,把渔业专业合作发展到更大的范围内。

渔业是人类传承最久一个产业,在我国更是有着深远的历史背景,我国先天有着得天独厚的自然条件和丰富的技术经验,在整个民族的生死存亡和发展史中有着无可替代的地位。中国解放以前,长期饱受封建势力、帝国主义势力、官僚资本主义势力的三重压迫,渔业水产品事业受到严重影响甚至灭亡,频发的战事,残破落后的生产工具,使得依靠渔业生存的渔民苦不堪言。建国伊始,在党和政府的扶持和帮助下,渔业生产得到了一定的恢复,渔民也拥有了更多相对自由的发展空间,很快恢复了生产产量,到1957年渔业生产产量达到346万吨。但是分散的经营生产方式很快就显现出来了它的劣势,后劲不足,当单家单户遇到危机和困难的时候,收入就会受到严重动荡的影响,这个时候渔业合作组织的想法在渔民脑海中始建雏形。

抗战前就有东钱湖外海渔业捞捕兼营合作社等渔业合作组织,但渔业合作事业尚不兴盛。战时渔业经济又惨遭敌伪蹂躏,渔业合作事业饱经挫折。抗战胜利后,依靠联合国之援助救济及国民政府之倡导扶持,渔业合作事业始见复苏,并日渐昌隆。然而其存在的时间并不长,随着1949年宁波易手,境内之渔业合作组织遂陆续终结。其在一定程度上促进了渔业生产,改善了渔民生活,开渔民社会现代合群结社经济思想实践之先河。改革开放至今,渔业产业得到了很大的发展,生产力水平的提高使得渔业经济区发展迅速。一家一户渔民的生产模式贯穿整个生产过程,这种传统的模式已经不能满足于当时渔民的需求,所以迫切需求一种新的模式改变这种状态,渔业合作组织能为渔业提供合作和服务,是最佳的改革之选。随着大市场和小规模生产矛盾的突出和激化,分散式经营的渔民势单人薄,对于市场的最新行情难以全方位、及时有效地掌握,生产经营方式存在着盲目性的局限。

新中国成立后,渔民不再受封建制度的剥削和压迫,对于生产的主动性有了很大的提升。但是落后的、短缺的渔民生产工具已经没有办法达到以个体为单位的劳动需求,渔业生产互助合作组织便因此应运而生。截至1952年全国就已经成立了7 616个互助组织,成为会员的渔民达到了将近10万人左右;其中有26个合作社,参社渔民达三千多人。到1954年我国的渔业互助合作组织得到了大力的发展,同时互助组织开始向着渔业合作社转变。合作社制定了三包、五定的体制管理模式,把所有的生产工具统一为集体拥有,然后以按劳分配为原则进行分配股金分红。到 1957 年末组织发展迅速壮大,参组人员逐年增多,新的生产资料归集体所有、按劳分配劳动成果的渔业经营生产新制度产生。

十一届三中全会的召开让渔业区域经济的发展发生了巨大的改变,更对渔业生产的结构进行了调整,改革建立在渔业船舶和拖网用具这些生产资料归集体所有的条件下,把组织革新为以生产经营权为主,来推进运行家庭联产承包责任制的新制度。渔民只要能够完成定额的承包任务,剩余的产品就可以自行支配,因此保证了渔民生产的积极性。

改革开放成果的不断获得,渔业专业合作组织也随着发生了改变,正在往适应社会经济化的方向发展变化。股份合作制是渔民自己筹备资金或者公有的资产采取折价的方式下放,如果要制造或者采买渔船也采用合股制,让渔船作为主体成为股份的合作。渔业专业合作组织的基础是单个船只的生产经营模式,主要的参组人员是渔民,让渔业生产加工的各个环节都能够自发的互助合作起来。专业合作组织的特点是拥有明确的产权分划,直接清晰的利益明细、灵活机动的机制体制、合理适当的分配制度,使科学能力低下,加工能力弱势,集中度散乱的渔民与市场的全球化接连,渔民的经营在市场中的竞争能力增加,渔民的利益受到了最大的保障,政府部门的管理职能也能够充分有效的发挥。

(二) 大连渔业专业合作组织发展现状

2004 年,辽宁省委政策研究室、辽宁省农业厅联合下发《关于积极发展农民专业合作经济组织的若干意见》,明确提出要大力发展农民专业合作经济组织。2013 年,辽宁省人民政府发布《辽宁省人民政府关于促进海洋渔业持续健康发展的实施意见》,进一步明确提出要发展壮大渔民专业合作组织,提高渔业生产组织化程度,依托龙头企业和渔民专业合作组织,鼓励发展"龙头企业＋基地＋渔户""专业合作社＋渔户""市场＋渔户"等生产经营形式。1999 年,大连市海洋渔业协会成立。2005 年 12 月,大连海参商会成立。而后相继成立了大连渔业协会海蜇分会,大连休闲渔业协会等。2011 年,大连渔业互保协会成立,该协会通过组织渔业系统会员互助共济,为会员生命财产损失提供经济补偿,并向会员提供安全服务,提高会员防灾抗灾能力,维护会员的合法权益,促进渔业生产健康稳定发展。

(三) 大连渔业专业合作组织发展问题分析

1. 主体结构需要转型

大连渔业专业合作组织正处于一个起步阶段,首先对于渔民来说认识这种经营结构就需要一个很长的周期,要接受并且去构建就更加需要时间。渔业专业合作组织的建立就是加速改变渔业发展模式为主要路线,加大力度增强科学技术和基础设施建设的改造升级依赖于组织方向的改变,让现代化渔业产业的经营体制和体系日趋完善、健全,提高渔区的生产输出率、劳动生产效率、资源使用利用效率,让渔业生产的综合能力、抵抗风险的能力、在国际市场的竞争力、可持续发展的后座能力,形成一种拥有良好生态、生产得到发展、拥有先进装备、优质产品、收入增加的渔民、和谐平安的渔业现代发展的新的局面。以转变发展方式为重点,着力加快现代渔业专业合作组织健康发展。现阶段,大连的发展与先进的山东省发展相比具有一定的距离,要加大力度改变渔业专业合作组织的发展模式和方向,使渔业专业合作组织现代化建设不断加快脚步。

2. 运行模式有待改进

我国渔业产业将进入一个工业化、信息化、组织化、现代化的历史阶段,现代化渔业的关键是改变传统的渔业经营模式,走出具有中国特色的渔业模式和道路。渔业专业合作组织现代化的建设应该被放在重点突出的位置上,聚集各方面的力量,使改革创新的新道路加快建立,让大连渔业位居中国渔业现代化的前列。未来的养殖培育方式由个人独立户制变成多家集中牧场制,也就是每一个参与的养殖场统一用机械撒种、培育、养殖,再进行加工;其次是加工售卖过程规范管理化,品牌化;最后是销售渠道的推广应该渗透到大连旅游业、工业等各个领域中,形成链状与网状融合与畅通的模式。大连渔业专业合作组织应契合产业生产方式的转变,即时调整转变。

3. 体制机制亟待创新

科学的组织行为和配套的管理体制是组织变革的有效途径。针对组织中的权力构成、组织大小、沟通通道、定位角色、组织与组织之间的联系,以及针对组织内的成员的观念、行为和态度,彼此之间的互利合作内涵等进行系统性、有针对性的调整和改革创新,是大连渔业专业合作组织体制机制创新的重点。以此来适应组织内部和外部环境变化,特色的科学技术和组织的任务性等方面的转变,组织效果能力的提高等。一个组织想要发展就要不断地改变,不断适应内部、外部环境的变化,不断改变活动方式,不断整合组织资源。

二、大连渔业专业合作组织发展转型

(一) 大连渔业专业合作组织转型方向

1. 发展水产养殖大户

现阶段新型渔业专业合作组织以迅猛的势头发展,有些问题也逐渐凸显,组织内部有领导能力的人才匮乏是最主要的问题之一。以家庭为主要单位的传统的养殖方式已经跟不上渔业的发展速度,着力形成以渔户承包作为基础,以专业性强的大户、家庭自有的渔场、渔民专业合作社和渔业相关企业为主力骨干,发展水产养殖大户的形式是新型专业合作组织的首要发展方向,着重培养水产养殖大户能更好地解决渔业生产的困难,提升渔民组织化程度,是进入现代化渔业的有效路径。

2. 培育品牌化专业合作组织

品牌是渔业专业合作组织进入市场的通行证,实行品牌化的经营理念,开展积极地注册渔业相关产品商标和无公害绿色水产品或者认证养殖基地,创造出属于自己的真正品牌,从而扩大渔业市场的销售区域,对自身实力的增强起到很大作用,让渔民的收入大大提升了一个层次。近年来,随着渔业集约化、规模化经营的发展,渔业合作组织在促进渔业结构调整和产业化进程中的作用日益显现。它的出现为广大分散、小规模经营的渔农搭建了一个与外界联系的有效平台,通过向渔农提供市场信息、技术指导、产品销售等不同类型服务,降低渔农进入新产业和新市场的交易成本,提高了渔农生产专业化水平。通过合作组织吸收大批社员参与,经统一培训、统一管理,实行"一家有难,全组织救助",进一步增强了抵御风险的能力,强化了渔民的创新意识,提高了生产管理的科技含量和养殖效益。通过合作组织"智囊团"的科学探讨和实地调查,研究制定了一套符合实际的产品生产、销售体系,整体对外打市场、创品牌,提高了生产销售的整体实力,进一步增强了产品的市场竞争力,解决过去"销售难"的后顾之忧,提高广大渔农的养殖积极性。

3. 壮大龙头渔业企业

改良现有的渔业专业合作组织,首要任务就是要把组织主体的领军龙头人物或者企业放在中心的位置上,并且全力扶植,让其壮大变强,同时辐射带动单体家庭经营户竞争力的提升,让这种家庭的经营模式表现出更多的活力,能够让具有个性的特别的消费得到满足,组成公司和个体经营户合作经营,在收益上达到互利共享的新的专业合作组织的发展方向,对于渔业链式里面出现的垄断达到了相互抗衡的状态,针对各环节的链接之间的分享起到了很大的作用。渔业专业合作组织就要确立一个龙头品牌地位和生态地位,由组织内的龙头企业为中小型的渔民或渔业企业保驾护航,将会有更多的机会参与到市场中,相应的龙头企业可以得到更多的支持,达到一个互利互惠、相互依存的良性循环状态。

(二) 大连渔业专业合作组织转型动力机制

1. 组织内部因素的变化

当原有的渔业专业合作组织运行状况不佳,组织内的会员所经营的渔业企业业绩和效益将下降。渔业专业合作组织方向转变的动力之一就是能够实现会员利益增长的基本方法,因此,良好的组织内部运行情况就是实现增加收入的必要条件之一。深入分析研究组织绩效长期下滑的情况,往往可以发现组织内部运转情况不佳的根源所在。可以同理得出,对于渔业专业合作组织这种经济组织,都是内部管理不能做到与时俱进以及在经济大环境的影响下不能够使其持续发展。一方面由于渔业资源的迅速衰退,传统作业所使用的区域缩减,海洋捕捞困难增大;另一方面,逐渐增高的生产成本,不够稳定的水产品产量,物价上涨水产品的销售价格却趋于平缓,渔民收益增长缓慢。如果在销售生产等条件不发生改变的条件下,参加渔业专业组织能够使渔民的收益增加,那么推行渔业专业合作组织的改革就有了动力。

渔业专业合作组织能够方便水产品的统一经销。合作组织可以改变以单个船只进行生产加工销售的小规模生产单位的发散性、通信消息封闭以及渔民有限理性和机会主义行为的束缚,在限度允许的范围内获得有关于市场的信息,对市场进行开拓,对不良竞争进行规避,从中获取来自产品的最大利益。与此同时,作为主角去后方营销,建立产品品牌拥有无限可能,对外竞争能力也得到了强化。

渔业专业合作组织方便于交易费用的节省。渔业专业合作组织转型的内在动力就是节约交易费用。陈旧的制度之所以被替换取代,是由于新的制度和旧的相比能够实现在交易费用的缩减和节约,从而获得制度带来的收益。

渔业专业合作组织方便于渔业产业链的延长。目前水产品市场是以新鲜成活的鱼类为主,而鲜活水生物的附加潜在价值并没有得到相应的开发及利用。当达到一定规模的专业合作组织拥有一个具有稳定的前方作业生产单位,那么对于水产品的进一步加工和开设渔业需求物资加工厂变得更加的便利,能够达到扩张销售市场,使水产品增值,生产资金节省的目标,同时渔村的劳动力也可以为渔业生产加工提供有力保障,而组织的建立也可以使剩余劳动力恢复劳动价值,这也是一种内在动力。

2. 组织结构的内在缺陷

渔业专业合作组织在设计和发展运行过程中存在不同程度的缺陷,现阶段主要的缺陷是组织内部成员之中缺少带头人,没有一个具有品牌影响力的龙头组织,让很多组织中相对规模较小的企业或个人没有依属,一旦渔业产业受到冲击,面对挑战时组织不能给予成员有力的保障。出现这种情况的主要原因是组织内部没有规范的管理模式,具体职责没有落实到确切的人员或者企业上,组织的法人形同虚设,内部的人员很多存在投机取巧的心理,很多人想从组织中获利,但是却不想付出;同时组织改革一个政策落实周期较长,不能够及时到位,组织成员内部缺乏交流。合作组织的结构不是一成不变的,它会随着外部环境的影响而变化。如此看来,经营绩效的下滑主要原因是组织结构的内在缺陷造成的,导致这种情况的因素包括如下几方面:机构累赘繁复、负责人不谋其政,成员之间欠缺沟通、彼此离异、矛盾冲突激化,组织对外界环境的变化不能够做出灵敏正确的反应,组织整体缺乏创造力。

3. 组织外部环境的变化

外部所处的环境不是一成不变的,它是出于一种流动的状态,时刻都有可能发生变化,具有很大的不确定性。复杂环境条件下给组织带来影响的行为因素纷繁善变,可以按照是否对实现组织目标有利分为来自外部的机遇和来自外部的威胁两类。从外部所处环境来看,上位者对于组织重新安排和分配各种资源就是一种改革,借以达到充分利用来自外部的机会,回避来自外部的威胁来减轻从外部而来的威胁给组织带来的影响。经济、政治、文化、法律政策、人口、竞争、市场、技术以及和外部利益相关联的人组成了组织的外部环境,这里面的任何一个因素都有可能给组织带来好坏两方面的影响,既可以成为组织改革强大的推动助力,也可能变成妨碍组织改革的重大阻力,无论是哪一种都有可能给组织的发展带来长远的影响。

渔业捕捞的作业范围不断外延,渔业捕捞生产灾难时有发生,渔业资源衰退与保护,区域稳定受到商业贿赂的影响等问题,都是渔业生产要面临的矛盾与挑战。全球化的经济给中国渔业带来了更大的挑战,随着 2001 年中国加入 WTO,开放的中国市场使得很多外国协会落户中国。这些外来组织协会给中国渔民和渔业生产带来了很大冲击,抢占了很多市场,让渔民们利益受到了直接影响。针对这种外来品抢占行为,中国在国际谈判桌上也显得尴尬,在经济全球化竞争日益激烈的今天,我们不能在靠着找他人的缺点或者不对的地方来站稳脚跟,我国渔民应从根本上提高组织化程度和水平,从自身出发增强实力来改变地位,让弱者逆袭。我们可以通过把不集中的、规模较小的渔户组织在一起,联合成一种聚合经济,使渔业市场的集中度提高,并且以合作组织整体的身份进入市场,攻克原有的市场缺陷。

三、大连渔业专业合作组织经营模式与运行机制

（一）大连渔业专业合作组织经营模式

我国现有六种渔业专业合作组织模式，包括：全乡或镇一社制模式、多村一社制模式、同作业或同渔获品种一社制模式、企业化管理公司型合作社制模式、二级法人制模式、"企业＋渔船＋贩销户"合作制模式，这六种模式各有利弊，下面进行简要的分析。

全乡或镇一社制模式，把乡镇作为基础，在组织的范围内产生的渔船集合到一起成立了一个渔业专业合作社。该模式的特点是存在于渔业规模不大、区域集中度比较高的地区施行，以一个渔村作为核心或者联合几个小区域半渔村半农村的结合而成。这种模式的缺点是影响范围较小，模式的产生有局限性。

多村一社制模式，这种模式是渔村当中比较普遍的，产生主要原因是进行捕捞作业的地方相距比较近，邻村之间会优先选择多村一社制的模式。该模式的特点是：资源能够及时的共享，渔业的管理力度很大，管理的成本相对较少，对外市场的竞争实力增加。

同作业或同渔获品种一社制模式，这种模式产生于捕捞的种类相对于单一且具有一定特色的作业区。运用此种模式的合作组织一般规模比较小，但是拥有较强的专业性，方便于管理，协调性好。

企业化管理公司型合作社制模式，实行此种模式的渔区一般拥有较大的组建规模、拥有组织协调能力较强领头人。这种模式的合作社是采用统一采购渔需物资，领头人由合作社任命，生产的渔业附属品的销售是采用和渔产品运货船挂钩的方式，逐渐推行鱼类物品统一销售和再分配利益。该种模式是比较有前景的，在发展今后的渔区合作组织中会占有一席之位。

二级法人制模式，是把独立一对船只的法人作为合作组织的载

体,其发展模式是在渔业行业协会或者渔业专业合作社范围内推行的
现代化渔业的生产经营模式。每一个负责人单独为对应单位的法人
代表,拥有二级资格的法人,主要任务是管理单位的安全生产。

"企业+渔船+贩销户"合作制模式,此种模式的核心为销售大户
和水产品企业,是建立在渔业生产单位的基础上产生的渔业专业合作
社,鼓励渔民采用生产销售一体化的经营模式,使其达到在明确的分
工、较低的风险基础上,实现收益的共享。

目前看来以上六种发展模式均有自己的优点或者局限性,政府主
导市场运行的组织发展模式将带来更大的优势。这种模式没有一定
的界限,可以说是建立在之前六种模式的基础上衍生变化的,原有的
组织模式结构可以在不发生改变的情况下,让政府参与其中,现今形
势变化很快,政府的宏观调控有助于组织的稳定性,对市场动态的掌
握更加能够使组织拥有最新的科学资料。该模式的运行由组织、养殖
基地、市场、渔业相关高校、政府五方共同协作完成,拥有高校先进思
想的支持,对于基地建设,组织发展更加有优势。大连渔业专业合作
组织发展模式可以结合各地实际状况,建立不同的经营模式。

(二) 大连渔业专业合作组织运行机制

1. 市场化运营

从提高渔民组织化程度入手,探索建立"抱团取暖"的渔业经济发
展机制,其中有效手段就是通过政府引导,市场化运作,将养殖散户和
小户联合起来,组织成立各种渔业专业合作组织。成立专业合作组织
之后,一方面可以贯彻固定地点统一进行种苗采购,订购统一的饲料、
鱼类使用的药物等政策措施,在此团队购买的优势可以得到充分发
挥,使生产的成本降低,不让私自胡乱采买、随便使用药物现象发生,
产品的质量得到了保障;另一方面,形成抱团联合的市场参与竞争,大
大降低了成员的养殖风险,又可以让成员生产的水产品拥有价格的决

定话语权,让成员拥有切实的经济收益。为了保证大连渔民专业合作组织更好的发展,有以下三个措施:第一,鼓励申请财政支持的省级以上的示范合作社,从而能够获得财政补贴和贴息;第二,对渔业合作组织在政策上的倾斜,对其基础设施提供相应的帮助支持;第三,组织具有典型渔业专业合作组织进行实地参观与交流,借鉴学习他人的成功发展模式,同时要联系实际情况,发展自身。

2. 规范化管理

建立专业合作组织和生产单位的法人制度,因为组织是由不同的个体组建而成,大部分都是希望从中获得更多的利润,所求的比给予的多,导致组织遇到困难时选择退避。而法人制的建立是让组织扮演一个特殊的法人身份,让组织能够独立经营,每个会员能够参与到盈亏中,让会员和组织之间联系更加紧密,无论是发展还是管理都与每个会员之间息息相关,让生产单位感受到所拥有的民事权利,真正自发的在激烈的竞争市场中生存发展下去。

在组织成员内部建立责任制,以往不受到约束的会员总会享有一定的特权,给组织成员在收益上的共享造成了不良影响,导致组织在统一采购、统一销售方面没有得到有效的发挥。因此,在强化法人制度的基础上,建立组织内部责任制势在必行。该制度的建立能够让组织拥有公开透明的运行环境、统一的管理制度、统一的安全准则,让每个成员都能获得明确的利润分配。

应用行政和法律手段约束负责人的权利,让仲裁渔业劳动和劳动力的中介介入,达到完善成员之间股份合作的运行机制。在收益分配上达到公平,组织内部管理上有序发展,渔业合作组织的收益不断增大。其中,一个好的带头人对组织带来的影响是巨大的,那么就要在健全的合作组织监管制度下对带头人实施全程严苛的监管,一经发现有违章的行为,就要受到严厉的处罚,甚至法律的制裁。

要实现合作组织不断壮大,不断扩大业务影响力的目标,就要完善组织内部的获利收益调节机制和凝聚力,同时也要不断地往渔业相关产品的储藏运输、加工生产、渔业使用物资的经营区域、互助金融区域延展摸索,保障合作组织内部附属业务的发展。

3. 制度化建设

一是加大宣传力度。加强"渔业专业合作社法"的宣传,指导渔业合作组织根据合作社法规尽快规范章程、进行工商注册、申领执照和确立法人,为合作工作开展打好基础。

二是加大金融扶持力度。引导银行信贷部门对多年来诚实守信、产品有市场、经营状况良好的合作经济组织或渔民,在信用贷款的基础上,增大贷款额度;积极探索龙头企业和合作经济组织为会员承贷承还、提供贷款担保等办法;积极发挥担保的作用,鼓励拓宽服务领域,为合作经济组织发展提供必要的资金支持。

三是加强对渔业合作经济组织的"引导、支持、保护、调控"力度。制定出台扶持其发展的优惠政策,特别是在资金、贷款、用地等方面在国家范围允许之内给予最大限度的优惠。对规模大、发展前景好的合作经济组织给予重点倾斜,鼓励兼并重组或联合经营,形成"合作经济组织+千家万户"的产业化经营模式。

四是加强技术培训。定期或不定期地组织合作组织成员集中学习,聘请专家学者讲授法律、经济、标准化技术、企业经营等知识,为他们"充电",提高他们的素质,使之成为懂技术、会管理、善经营、开拓能力强的合作经营管理人才。

4. 品质化发展

渔业专业合作组织品质化发展的重点在于提升渔业专业合作组织文化内涵建设。使组织的内部作用得到有利发挥,从而影响到组织内的每位成员,并且经由各种途径包括宣传和推进渔业专业合作组织文化使其形成一种相对稳固安定的模式,这种影响也会散发到社会的相关组织群体中去。组织文化传播将帮助树立组织良好的公众形象，提升渔业专业合作组织社会知名度和美誉度，促进渔业专业合作组织品质化发展。

组织文化一旦建立，能对渔业专业合作组织整体和组织内部成员的价值及行为取向起到引导作用。这主要表现在以下两方面：一是对参与组织的个体成员行为和思想上起到导向作用；二是针对整个组织经营管理和价值选择起到导向作用。这是因为文化一旦在一个企业或者组织形成，就具备了自己的标准规范和系统的价值，一旦组织成员在行为或者价值选择上与组织文化的标准发生冲突，组织文化就起到了纠正的作用，引导其走上价值观正确和标准规范的道路。

一个具有文化底蕴的组织会对成员的心理、思想、行为具有规范和约束能力。组织文化带来的约束不是制约似的硬性约束，而是一种无形的软约束，这种软约束从组织文化造成的氛围和大众的道德规范和行为准则中产生。单个个体的行为、跟随化的大众心理动力和压力来自于社会舆论、民俗风尚、群体大众意识、相同的习俗等精神文化的内涵，让组织成员造成心灵上的共鸣，从而达到行为上的自我控制能力。

具有凝聚力的组织文化是指一种被组织成员共同认可的价值观念，它会变成一种强力的黏合力，把成员从多个方面凝聚组合在一起，因此会生成一种强大的凝聚力和向心力。组织内人与人之间的关系会受到多种因素的调控，其中有类似于制度和命令的强制性的硬性调控，也有道德和舆论类教育说服类的软性精神调控，这种能力让组织内的成员在战略目标、组织使命、战略举措、货运营销流程、合作交流等基础方面上达到共识，在根本上拥有和谐相处、稳定发展、健康向上的企业人际关系，借此组织的凝聚力得到了增强。

能够让组织成员有一种发自内心的激进高昂的情绪和奋发图强积极进取的精神效应是组织文化所具备的必备品质。组织文化是以尊重人为核心,把管理人员作为中心思想。组织文化给会员多重需要的满足,并能用它的"软约束"来调节各种不合理的需要。因此,一个积极进取的观念和行为处事准则将会组成强大的使命感和连续的驱动能力,成为组织内的个人或者企业鼓励自我的衡量标。一旦每个参与渔民真正接受了组织的核心理念,他们就会被这种理念所驱使,自觉自愿地发挥潜能,促进渔业专业合作组织高效发展。

四、国外渔业专业合作组织发展经验借鉴

(一) 国外渔业专业合作组织现状

国外的渔业专业合作组织相较于中国拥有较长的历史,政府给予渔业专业合作组织较大的扶持与帮助,并且建立完善了多种相关法律法规,通过组织的建立渔民经济利益和社会地位都得到了相应的提高,渔业专业合作组织也颇具规模,在国外的认可度较高,并且渔业专业合作组织遍布全国,其中的设施完善,技术水平高,同时,国外的渔业专业合作组织的主要功能是为渔业相关的企业部门和个人提供服务。

表 11 - 1   国际渔业合作组织发展状况

主要国家	中国	日本	韩国	挪威
发展历史	10 多年	100 多年	50 多年	86 年
立法情况	2007 年《农民专业合作社法》	1947 年《水产业协同组合法》	1961 年《农业协同组合法》	1951 年《鲜鱼法》
覆盖面	少部分渔民	绝大多数渔民	大部分渔民	大部分渔民
政府扶持度	不足	较大	较大	较大
渔民可获利益	经济	经济和政治	经济和政治	经济和政治
分支机构网络	未建立	完备	完备	完备
科技服务能力	较弱	强	强	强

日本的典型渔业生产经营模式是以小渔式为主,是一个融合渔业

专业合作组织——政府压力团体、行政辅佐机构三元一体的组织,渔业协会的势力已经延伸到了日本的经济与政治上,更加保障了渔民的经济利益,同时也大大缩减了来自于政府的社会管制收费。

在 1901 年日本建立了渔业专业合作组织,日本渔业协同组合。这个组织拥有两个创建目的,包括:其一,保障中小型渔业产业生产的地位平等和经济利益,这种保障是通过日本沿海岸渔场的管理,让渔业生产拥有自己的生产秩序,渔场的纠纷可以得到解决,渔业的生产也可以得到稳定。其二,渔业信用贷款的不平等盘点剥削现象的消除,保障了中小型渔业生产者的社会经济地位和正当合法权益。历时100 多年的演变,日本渔业协同组合已经成为保障渔民切实利益的代表组织,投资到渔业发展的资金由此组织内部首先计算支出预算,然后经由政府审核批准后负责操作实施。这是一个拥有一部分渔政相关管理职能的组织,可以任命和渔业管理相关的法律规章制度。日本渔业协同组织拥有一定的特权,比如,拥有临近海域的小型定制网具、贝类的养殖、海藻开发权等,因此组织内的成员拥有经营的优先权,而不是组织成员的作业会受到一定程度的严格限制。在以上的体制环境下,较高的加入协会的自己约束自己的能力和积极参与的能力都是日本渔民所具备的,渔业组织协会获得经济收益的途径包括发放贷款、经营大宗渔具、为冷冻食物的加工提供服务等,能够维持合作组织内部的营运销售。

韩国的农业协会建立于 1961 年,同年还颁布了《农业协同组合法》,用来指导和保障韩国专业合作经济组织发展。韩国的渔业互助协会的资金来源于渔民,是与渔民利益息息相关的一个很有代表性的互保协作组织,其为渔民提供的服务有生产、加工、流通、技术、保险、信用等。

水产协同组合是韩国最主要的渔业专业合作组织,该组织的分支协会遍布全国,大小共有上百个组合。构成这个组织的资本是由自己所有资产和共同协作联合资本相互统一结合的两部分组成,拥有强大并且完善的社会趋向的服务功能的经济切实团体。水产协同组合具有多种职能,包括:第一,为融资提供渠道,即如若会员要从事渔业生产但缺乏资金融入,那么该组织的会员会从政府机构获得低利息贷款;第二,提供高新技术手段,协同会拥有大量国外进口的水产种苗,种苗的引进为韩国养殖业的发展作出了重大的贡献;第三,该协会的成员会优先享有最新最全的渔业生产资料信息,同时经济困难的会员可以享受低于市场价格或者免收税形式的渔需物资先使用后付款的优惠,为会员提供最大程度的支持;第四,组织提供集中销售服务,水产协同组织会组织大型的统一的竞卖会,协会中的成员可以将生产的水产品放入协会,在竞卖会统一销售并通过最后所获得利润来给会员进行分红;第五,水产协同会为会员提供休闲娱乐场所,组合总部的大楼有特别为渔民提供的休闲娱乐的会所,可以免费为需要结婚宴请的会员提供场地等服务。

美国政府十分看中渔业合作组织的工作,但同时又给予其组织一定的自由发展空间,不会参与组织内部的正常事务处理工作。美国政府每年都要投入大量的人力、物力和财力对渔业合作组织进行明察暗访,并且会付诸于法律的形式给予确认。美国国会十分赞成以渔业合作组织的形式去解决渔民经济的问题,对于组织内部的结构设置、财务运行、管理层选拔事务只要不违反法律规定,政府就没有权利进行干涉,同时响应组织的号召,政府相关部门会向合作组织提供具有技术性质的服务。美国的渔业专业合作组织个数多、参与人员广。如果按照供应、销售和有关服务的营业额占本社营业总额50％以上为标准划分,那么,供给合作组织占36％,销售合作组织份额为52％,其他的服务合作组织为12％,总的来说份额分布明确合理。

美国建立的渔业专业合作组织保证了美国渔业生产各环节的健康发展和有序竞争,渔业专业合作组织已经涵盖了渔业捕捞、养殖、加工销售等各主要环节,其中的代表有养殖者协会、批发商协会、加工者协会,以及一些拥有较大生产规模的品种建立的养殖协会,这些协会以为从事渔业生产和水产品经销的企业和个人提供多样的服务为主要功能,在利益分配环节也起到了调节作用,对于市场秩序的维护,渔民权益的保障起到了很大作用。同时美国联邦和各州政府陆续出台了各种法律法规来引导和促进渔业专业合作组织的发展。

挪威是一个渔业历史悠久的国家,挪威针对专业合作组织的有关的法律十分健全。在 1951 年 12 月份颁布的《鲜鱼法》中确立明确规定,渔业销售合作组织是一个法定的渔获物组织,是由国家和渔业相关主管部门同时授权的组织。挪威渔民协会(NFL)也是一个重要的全国性渔业专业合作经济组织,是渔民通过他们的郡县协会以及团体机构自愿组织而成的。NFL 与政府当局联系密切并紧密配合,基于渔业产业对沿海地区非常重要的特点,NFL 的一个重要职能就是促进这些地区社会发展。下属于挪威工商联(NHO)的挪威海产品协会(FHL)也是一个全国渔业专业合作经济组织。

(二) 国外渔业专业合作组织经验

(1) 对渔业专业合作经济组织发展的法律保障,这是专业合作经济组织公平的市场地位和正当的权益不受侵害的保障。渔业专业合作组织的建设相对比较发达的国家和地区,例如韩国、日本、加拿大等一般拥有特别针对合作组织完善的法律体系。在国家层面,有专门适用于全国的"合作组织法",省一级也有着相应的法规。这些立法内容涉及专业合作经济组织的法人地位、成员资格、融资途径、利润分配和会计审计系统等。

(2) 政府体系的良好支持。政府经由多种方法引导扶持专业合作组织的发展,在初期的组织发展阶段给予资金的投入和税收减免上的优惠政策;政府外派工作人员参与到合作组织的成立工作中,聘请专家联合解决合作组织的计划的制订、成员的构成模式、资源的寻求任务和产业的咨询等问题；政府专门给渔业合作组织建立创业基金，这样当组织遇到经营风险的时候，政府会和渔民共同承担，此方法推进了渔民的关联合作，获得了更多的银行信用贷款。

（3）大学和科研机构的重视。可以让研究机构和大学为合作组织的培训提供一些科研活动，大学教授和科研人员对塑造合作经济组织的社会环境具有重要作用，他们作为合作经济组织的推动者，激发合作经济组织成员的思想火花和热情。

五、大连渔业专业合作组织发展对策建议

（一）创新组织主体结构

探索建立新型渔业管理服务组织。按照转变职能的要求，逐步推进行政村或社区与基层渔业管理组织机构相分离，使村或社区集中精力抓好行政和社会事务；渔业管理服务职能则由专业机构担任，提供专业化、有偿化服务。结构随着战略改变这一理论是由美国著名管理学家钱德勒提出的观点，在战略演变的初始阶段作为一个新兴起的渔业专业合作组织更加需要其具有相应的结构与之对应。比如在组织成员不断壮大的战略阶段，组织内部的结构相对比较单一，这时候只要招商引资和推销的部门就能够满足其需求；当在组织范围不断扩大的阶段，如此简单的模式已经不适应渔业经济继续发展的需求了，取代以多个职能部门的组织模式，若想要再进一步上升的时候，就需要把组织的管理职权集中管制，同时一个优秀的、能力出众的领头人物就显得尤为重要，以此来构成集中权力的职能型的结构组成；在元素多样化的渔业经营阶段，组织内部的结构就应该更大程度地弱化权力，但是弱化却不分散。

（二）优化组织管理体制

创新完善渔业专业合作组织股份合作制。从这方面来看,舟山市就是很好的示范案例。舟山市在岱山县长涂镇东海湾对拖网捕捞专业合作社进行了试点,制定完善了《股份合作单位财务管理制度》《股份渔船转让评估制度》《股份合作渔船单位劳股收益分配制度》和《合作社老大管理制度》等四项制度。通过四年多实施推广,加强了股份合作渔船单位的财务管理,规范了渔船转让行为,充分调动了股份合作渔船单位船员的生产、经营积极性,加强了渔船单位老大队伍的建设,规范了老大从业行为,稳定和完善了渔业股份合作制。大连也已效仿舟山市的发展模式,根据渔业发展的内在要求和市场竞争的外部需要,支持先行先试,引导组建公司制渔业合作组织。

（三）加强制度机制建设

对渔区的研究证明,诱致性制度变迁和强制性制度变迁必须配套进行。发展海洋渔业合作经济组织是有效的制度安排。因为渔业合作经济组织不是政府意志,也不是过去集体经济组织,它是渔民利益的共同体,能有效地组织分散独立经营的渔民生产者,搭建个体与市场联系的桥梁。同时它又是政府的政策和措施的落实者,以解决政府管理的末端缺陷。另外它还是海洋资源的维护者,政府通过它进行有意识的教育,增加了资源维护的力量。渔业合作经济组织在发展的模式上各具特色,应沿不同路径演进:其一,政府主导型的捕捞专业合作经济组织。这种模式应该是个人产权独立,由社区组织协调经营的集体经济组织模式。合作组织着重可在管理服务、资源保护、权益维护、风险互助等方面发挥重要作用。其二,市场主导型的合作经济组织。特点是将经营同一产品或从事同一作业的渔民联合起来,创办专业合作社,实行自愿互利、民主管理的原则。可主要应用于养殖业以及一些选择性较强的捕捞业如灯光围网及渔运业。其三,企业主导性合作经济组织。其特点是将经营同一产品或从事同一作业的渔民联合起来创办专业合作社,再由专业合作社连接龙头企业或由几个专业合作社联合创办龙头企业,形成较大规模的现代渔业一体化经营体系,这种企业主导型的合作经济组织将会成为今后渔业合作经济组织中重要的模式。

(四) 提高示范引导效应

一是选好带头人,推举有责任、懂技术、会经营的大户作为渔业合作经济组织带头人。二是树立威信,帮助渔业合作社的带头人树立威信,使其相信身后有坚强后盾,大胆开展工作。三是搞好服务,局里专门成立领导小组,负责协调渔民专业合作经济组织建设,通过提升服务水平扩大营销,特别是良种、技术、资金、销售等方面的服务。四是打造品牌,打造大连现代渔业示范区,为渔业科技进步、现代渔业发展发挥示范带动作用。

参考文献

[1] 包特力根白乙,王琛,王天令.休闲渔业内涵界定及其市场特性论析[J].渔业经济研究,2008(3).

[2] 柴寿升.休闲渔业开发的理论与实践研究[D].青岛:中国海洋大学,2009.

[3] 车斌.我国区域水产养殖业竞争力评价体系及实证研究[D].上海:上海水产大学博士论文,2007.

[4] 陈蓝荪.休闲渔业促进新农村建设[J].中国水产,2010(11).

[5] 陈力群,张朝晖,王宗灵.海洋渔业资源可持续利用的一种模式——海洋牧场[J].海岸工程,2006(12).

[6] 陈锡文,邓楠.中国食品安全战略研究[M].北京:北京化学工业出版社,2004.

[7] 陈勇,于长清,张国胜,等.人工鱼礁的环境功能与集鱼效果[J].大连水产学院学报,2002(1).

[8] 崔玉阁,张耀光.大连海洋渔业可持续发展研究[J].海洋开发与管理,2007 (5).

[9] 丹尼尔·F.史普博.管制与市场[M].余晖,译.上海:上海人民出版社,上海三联书店,1999.

[10] 邓景耀,叶昌臣.渔业资源学[M].重庆:重庆出版社,2000.

[11] 董雪,等.大连市水产加工企业集群形成机制及其特征的研究[J].天津农业科学,2012(4).

[12] 方芳,慕永通.关于捕捞限额制度施行效果的理论预期[J].中国渔业经济,2009,(1).

[13] 高健,长谷川健二.中国海洋渔业经济可持续发展的经济组织制度[M].上海:上海科学普及出版社,2006.

[14] 高健,平瑛.制约我国海洋捕捞渔业人力资源流动因素的探讨[J].中国渔业经济,2002(5).

[15] 勾维民,刘佳丽.大连水产苗种产业现状及发展对策[J].黑龙江水产,2012(4).

[16] 郭守前.海洋渔业资源管理的理论探讨[J].华南农业大学学报(社会科学版),2004(2).

[17] 郭文路,等.个体可转让配额制度在渔业管理中的运用分析[J].海洋通报,2002(8).

[18] 韩立民,任广艳,等."三渔"问题的基本内涵及其特殊性[J].农业经济问题,2007(6).

[19] 阁宽洪.我国休闲渔业发展浅析[J].中国渔业经济,2006(4).

[20] 黄甫,蒋鸿标.加快广东海水养殖业可持续发展的对策[J].安徽农业科学,2007(15).

[21] 黄蔚艳,周宁.当代渔民的角色转换——谈休闲渔业中渔民的主体定位[J].渔业经济研究,2005(1).

[22] 黄毅.要在机制创新上下功夫[J].现代职业安全,2001(8).

[23] 江明方.当前渔业发展中存在的困难问题及改革对策[J].中国渔业经济,2005(1).

[24] 姜丹,包特力根白乙.基于波特竞争优势理论的大连水产加工业竞争力探析[J].现代渔业信息,2009(2).

[25] 姜海滨.渔业资源可持续利用产权制度研究[D].济南:山东大学硕士论文,2006.

[26] 姜韦韦.大连市水产业产业链研究[D].大连:大连理工大学硕士论文,2006.

[27] 姜占新.公共政策的价值取向分析[J].内蒙古民族大学学报,

2007(6).

[28] 居占杰,秦琳翔. 中国水产品加工业现状及发展趋势研究[J]. 世界农业,2013(5).

[29] 赖建瓯. 温州水产品加工产业现状与发展方向研究[D]. 宁波: 宁波大学,2011.

[30] 李大良. 资源与环境约束下我国渔业发展战略研究[D]. 中国海洋大学,2010.

[31] 李继龙. 国外渔业资源增殖放流状况及对我国的启示[J]. 中国渔业经济,2009(3).

[32] 李隆华,俞树彪,等. 海洋旅游学导论[M]. 杭州:浙江大学出版社,2005.

[33] 李云福,邢光敏,郭冉,等. 浅谈曹妃甸区域海洋牧场建设[J]. 河北渔业,2009(2).

[34] 林利民,洪惠馨. 促进我国休闲渔业产业化的构思[J]. 休闲渔业,2005(1).

[35] 刘昌雄. 公共政策:涵义、特征和功能[J]. 探索,2003(4).

[36] 刘海. 大连地区水产品加工业调查分析及发展对策[D]. 延吉: 延边大学,2016.

[37] 刘康. 美国休闲渔业现状及发展趋势分析[J]. 中国渔业经济, 2003(4).

[38] 刘林祥. 舟山群岛新区水产品加工业的竞争力研究[D]. 浙江海洋学院,2014.

[39] 刘锐,陈洁. 我国水产品加工业发展现状及潜力分析[J]. 农业展望,2010(4).

[40] 卢云亭,王建军. 生态旅游[M]. 北京:旅游教育出版社,2002.

[41] 罗刚,张振东. 全国水生生物增殖放流发展现状[J]. 中国水产, 2014(12).

［42］ 马洁蓉,任大鹏.我国渔业权流转立法问题研究［J］.社会科学论坛,2008(11).

［43］ 马滕.水产品加工业及其在中国的发展［J］.管理学研究,2008.

［44］ 慕永通.渔业管理——以基于权利的管理为中心［M］.青岛:中国海洋大学出版社,2006.

［45］ 倪国江,韩立民.我国海洋渔业的现代化及其科技发展对策［J］.中国渔业经济,2009(5).

［46］ 农业部渔业局.中国渔业年鉴 2010［Z］.北京:中国农业出版社,2010.

［47］ 朴英爱.关于韩国海洋渔业的减船政策分析［J］.中国渔业经济,2003(4).

［48］ 钱坤,郭炳坚.我国水产品加工行业发展现状和发展趋势［J］.中国水产,2016(6).

［49］ 曲菲菲.我国水产品加工业竞争力及影响因素分析［D］.青岛:中国海洋大学,2013.

［50］ 任爱珍.试论海洋渔业资源产权的地方化——沿海渔民"双转"途径研究［J］.浙江海洋学院学报(社会科学版),2004(2).

［51］ 闪淳昌.总结和认识安全生产工作的规律和特点［J］.劳动保护,2002(4).

［52］ 史建全.浅谈渔业资源增殖放流［J］.青海科技,2009(3)

［53］ 史磊.我国渔业经济增长方式转变问题研究［D］.青岛:中国海洋大学,2009.

［54］ 思德纳.环境与自然资源管理的政策工具［M］.上海:上海人民出版社,2005.

［55］ 宋立清.我国沿海渔民转产转业的成本收益模型分析［J］.中国渔业经济,2006(4).

［56］ 宋蔚.中国现阶段海洋渔业转型问题研究［D］.青岛:中国海洋

大学,2009

[57] 宋文丽.我国渔业行业协会的现状与发展研究[J].中国渔业经济,2006(2).

[58] 孙吉亭,R J Morrison,R J West.从世界休闲渔业出现的问题看中国休闲渔业的发展[J].中国渔业经济,2005(1).

[59] 孙建富,韩绍祖,王一夫.辽宁省海洋渔业发展的瓶颈与对策建议[J].中国渔业经济,2013(5).

[60] 孙建富,申天恩.大连海水养殖业发展对策[J].大连海事大学学报(社会科学版),2010(4).

[61] 孙林杰,葛玉明,吴灼亮.资源、环境约束下的我国渔业企业未来发展模式[J].中国海洋大学学报(社会科学),2008(11).

[62] 唐建业,黄硕琳.渔业社区管理在中国的实施探讨[J].海洋通报,2006(4).

[63] 唐行忠.舟山出口水产品加工业可持续发展研究[D].上海:上海交通大学,2009.

[64] 王波,武建平,高峻,等.关于青岛建设人工鱼礁改善近海生态和渔业环境的探讨[J].海岸工程,2004(4).

[65] 王君玲.海水养殖对我国渔民收入影响研究[D].青岛:中国海洋大学硕士论文,2007.

[66] 王茂军.大连市发展休闲渔业的资源分析和对策[J].人文地理,2002(12).

[67] 王淼,秦曼.海洋渔业转型系统的构建及关系分析[J].中国海洋大学学报(社会科学版),2001(4).

[68] 王玮婧.ITQ破解渔业资源的产权难题[J].上海国资,2005(3).

[69] 王晓波,陈蓝荪,陈都前.提倡船东互保 保障渔业安全生产[J].中国水产,2005(2).

［70］ 王玉堂. 论如何加强我国的水产品质量安全管理［J］. 河北渔业,2002(3).

［71］ 维尔. 宪政与分权［M］. 苏力,译. 北京:生活·读书·新知三联书店,1997.

［72］ 徐斌. 渔业资源的产权分析［J］. 渔业经济研究,2006(6).

［73］ 徐德蜀. 安全文化、安全科技与科学安全生产观［J］. 中国安全科学学报,2006(3).

［74］ 许洁. 以科学发展观推动辽宁海水养殖业的发展［J］. 水产科学,2008 (3).

［75］ 杨富. 我国安全生产的形势和任务［J］. 中国安全科学学报,2000(2).

［76］ 杨坚. 世纪之交的中国渔业协会［J］. 中国水产,2004(12).

［77］ 杨金龙,吴晓郁,石国峰,等. 海洋牧场技术的研究现状和发展趋势［J］. 中国渔业经济,2004 (5).

［78］ 杨立敏,潘克厚. 渔民合作组织——渔业经济可持续发展的重要载体［J］. 中国渔业经济,2005(1).

［79］ 杨立敏,申政武,孙娜. 日本水产业协同组合法［J］. 中国海洋法学评论,2006(1).

［80］ 杨起. 水生生物增殖放流活动存在的问题和对策［J］. 河南水产,2009(4).

［81］ 杨正勇. 论我国渔业的兼捕性对个体可转让配额制度的交易成本的影响［J］. 生产力研究,2005(10).

［82］ 杨正勇. 论渔业自然资源特征对 ITQ 制度交易成本的影响［J］. 中国渔业经济,2005(5).

［83］ 杨子江. 论促进我国沿海渔民转产转业的政策框架［J］. 中国渔业经济,2002(1).

［84］ 殷文伟,陈静娜,李隆华. 沿海失海渔民补贴政策之效果研究

[J].中国渔业经济,2008(4).

[85] 于沛民,张秀梅.日本美国人工鱼礁建设对我国的启示[J].渔业现代化,2006(2).

[86] 张国胜,陈勇,张沛东,等.中国海域建设海洋牧场的意义及可靠性[J].大连水产学院学报,2003(2).

[87] 张玫,霍增辉,易法海.我国水产品加工业规模与结构的现状与对策[J].改革与战略,2006(10).

[88] 张鸣鸣.关于建立渔业合作组织的思考[J].中国渔业经济,2004(6).

[89] 张秋华.渔业水域生态环境保护与管理[M].上海:复旦大学出版社,2004.

[90] 张文华,包特力根白乙.大连市海洋渔业发展态势及政策建议[J].沈阳农业大学学报(社会科学版),2009(11).

[91] 张新民,秦秀芳,徐鑫."十二五"大连市水产品加工发展战略研究[J].中国渔业经济,2012(4).

[92] 张义浩.关于建立捕捞渔民基本生活保障体系的探讨[J].中国渔业经济,2006(4).

[93] 张益丰.渔业管理的制度选择与绩效分析[J].渔业经济研究,2007(5).

[94] 张云华.食品安全保障机制研究[M].北京:中国水利水电出版社,2007.

[95] 赵铁锤.推动安全技术装备的现代化[J].劳动保护,2002(4).

[96] 赵万里,王群.多元用海冲突下旅顺口区海水养殖业发展路径探析[J].学理论,2013(2).

[97] 赵文武,吴多伟.发挥社团组织作用,为渔业发展服务[J].中国渔业经济,2002(6).

[98] 植草益.微观规制经济学[M].朱绍文,译.北京:中国发展出版

社,1992.

[99]　钟林生,赵士洞,等.生态旅游规划原理与方法[M].北京:化学工业出版社,2003.

[100]　周达军.我国海洋渔业投入产出控制政策面临问题的思考[J].管理世界,2007(5).

[101]　周加军,刘艾东,于敬龙.强化渔港监督职能 维护海洋渔业安全生产[J].齐鲁渔业,2002(7).

[102]　周瑜.鱼类增殖放流及其应注意的问题[J].重庆水产,2008(4).

后 记

2010年大连海洋大学技术经济及管理学科获硕士学位授权。水产技术经济及管理被列为技术经济及管理学科的研究方向之一，2011年开始招收硕士研究生。水产技术经济及管理研究方向的确定，进一步推进了大连海洋大学渔业经济的学术研究，也为研究生培养提供了平台。

2014年，笔者受大连市政协委托，承担了大连市海洋新兴产业发展专项调研任务，并起草了《大连海洋新兴产业发展专题调研报告》，调研中把大连现代海水养殖业，尤其是海洋牧场列为大连海洋新兴产业重点培育产业之一。其间，我随从大连市政协经济委考察了福建、深圳、珠海、宁波、天津、青岛等省市的海洋新兴产业，获得了大量一手资料。2016年初，大连市正式启动了新一轮海域渔业资源环境普查工作，以期全面掌握大连市渔业资源环境状况，这是大连渔业历史上首次全海域大规模调查。本书是大连海域渔业资源环境普查的研究成果和近年来承担国家、辽宁省、大连市相关课题研究成果的融合。

本研究得到大连海洋大学技术经济及管理重点建设学科的经费资助，在此表示感谢！

大连市海洋与渔业局、大连市渔港监督局等相关部门为本研究提供鼎力支持，在此一并表示衷心的感谢！

限于水平，书中的错误和疏漏之处在所难免，敬请斧正。

赵万里

2017年1月